www.wunderkessel.de

Lieblingsrezepte
Band 5

Warum Sie dieses Buch lieben werden

Bewährt, gelingsicher und schmackhaft

Unter diesem Motto haben wir für Sie in unserer Wunderkessel-Buchreihe eine Auswahl beliebter und gelingsicherer Rezepte aus der umfangreichen Wunderkessel.de-Rezeptsammlung zusammengestellt. Weitere Bände mit unterschiedlichen Themenschwerpunkten wie zum Beispiel kalorienreduzierte oder saisonale Rezepte sowie Spezialitäten aus verschiedenen Regionen und Ländern werden folgen.

Praktisch, schnell und gut

Behalten Sie den Überblick!

Der übersichtliche zweispaltige Aufbau der Rezepte ermöglicht es Ihnen, sämtliche Zutaten für die Einkaufsliste auf einen Blick zu erfassen. Durch die direkte Verknüpfung von Zutaten und den dazugehörigen Arbeitsschritten können Sie das jeweilige Rezept systematisch von oben nach unten „abarbeiten".

Die vorliegenden Rezepte sind für den Wunderkessel 31 verfasst.

Ein Rezept – viele Möglichkeiten

Bleiben Sie flexibel!

Die zahlreichen praxistauglichen Anmerkungen, Rezeptvarianten und Serviervorschläge helfen Ihnen, die Rezepte Ihrem ganz persönlichen Geschmack, dem individuellen Anlass und dem Inhalt Ihres Vorratsschrankes anzupassen.

Für jeden Geschmack und jede Gelegenheit ist etwas dabei.

Mehr als nur ein Buch

Unter ***http://www.wunderkessel-kochbuch.de*** finden Sie weitere kostenlose Ergänzungen zu unseren Kochbüchern, wie beispielsweise Zutatenindex, Rezeptfotos, Gesamtinhaltsverzeichnis aller Bände und vieles mehr.

Viel Spaß beim Nachkochen!

Barbara Böing, Melanie Winkler-Vorbeck u. Sacha Vorbeck
April 2009

Über Wunderkessel.de

Wunderkessel.de ist die größte Internetcommunity rund um das Thema Kochen mit Küchenmaschinen, insbesondere mit dem „Wunderkessel"!

Tausende begeisterte Köchinnen und Köche haben in den Austauschforen im Laufe der letzten 9 Jahre weit über 12.000 Rezepte zusammengetragen, getestet und kommentiert — und täglich werden es mehr! In angenehmer Atmosphäre tauscht man sich hier aber längst nicht mehr nur über Rezepte aus. Viele Teilnehmer kennen sich mittlerweile von zahlreichen regionalen und überregionalen Treffen schon persönlich. „Wunderkesseln" steckt an.

Wir freuen uns auf Ihren Besuch unter

http://www.wunderkessel.de/

Bleiben Sie auf dem Laufenden!

Wenn Sie auch zukünftig über unsere Neuerscheinungen informiert werden wollen, dann schreiben Sie uns doch einfach eine E-Mail mit dem Betreff „Newsletter" an:

info@wunderkessel.de

DANKE!

Wir möchten uns herzlich bei all den fleißigen Rezeptschreiberlingen im Wunderkessel-Forum bedanken, die uns so viele Anregungen gegeben haben. Danke auch an Elke, Daggi, Melly und Lisa fürs Korrekturlesen und ganz besonders an Anselm Cosler für seine unendliche Geduld und die professionelle Umsetzung unserer Ideen beim Coverlayout! Ein dickes Dankeschön geht wie immer an unsere Familien, die monatelang Entbehrungen in Kauf genommen haben. Ohne Eure Unterstützung wäre dieses Buch nie entstanden!

Inhaltsverzeichnis

SALATE

HAUPTGERICHTE

BEILAGEN

SAUCEN – HEISS

OFENGERICHTE UND HERZHAFTES BACKEN / SNACKS

BROT

BRÖTCHEN

BROTAUFSTRICHE

SÜSSES

TORTEN, KUCHEN UND GEBÄCK

SELBSTGEMACHTES

Eisbergsalat mit Orangenfilets

1 Kopf	**Eisbergsalat (klein)**	in mundgerechte Stücke reißen, waschen und trocken schleudern.
2	**Orangen (filetiert)**	
1	**Zwiebel (rot, in Ringe gehobelt)**	
½ Bd	**Radieschen (in Scheiben)**	zusammen mit dem Salat in eine Schüssel geben.

Dressing

2 EL	**Weißweinessig**	
2 EL	**Olivenöl**	
3 EL	**Orangensaft**	
½ TL	**Senf (mittelscharf)**	
etw	**Salz**	
etw	**Pfeffer**	in den Mixtopf geben, 10 Sekunden / Stufe 4 verrühren, über den Salat geben und gut vermischen.

Persönliche Anmerkungen:

Reissalat, erfrischender

		Den Siebeinsatz in den Mixtopf hängen und
300 g	**Basmatireis**	einwiegen.
1200 g	**Wasser**	
1–2 EL	**Gemüsebrühe**	zugeben, den Reis ca. 15–20 Minuten (je nach Packungsangabe) / Dampfgarstufe / Stufe 1 garen, umfüllen und abkühlen lassen. In den leeren Mixtopf nun
je 1	**Paprika (rot, gelb und grün, in groben Stücken)**	
3	**Tomaten (geviertelt)**	geben und 3 Sekunden / Stufe 5 zerkleinern.
400 g	**Sahne**	
2 TL	**Currypulver (mild)**	
½ TL	**Salz**	
½ TL	**Pfeffer**	zufügen und kurz auf Stufe 2 unterrühren. Alles über den abgekühlten Reis geben und ca. 1 Stunde ziehen lassen.

Anmerkung:

- Dieser Salat ist einfach zubereitet und schmeckt herrlich erfrischend.

Rezeptvarianten:

- 10 Scheiben Kochschinken (gewürfelt) und 300 g Krabben zugeben.

- Sehr lecker auch: 1 Dose Mandarinen oder Ananas (gut abgetropft) mit unterrühren.
- Oder wie wäre es mit Salatgurke, Erbsen und Mais statt Paprika?
- Sie möchten Kalorien sparen? Kein Problem! Verwenden Sie doch Kochsahne mit nur 15% Fett oder eine andere leichte Alternative zu Sahne, wie z.B. Saure Sahne.

Serviervorschlag:

- Mit frischem Baguette genießen. Ein Baguette-Rezept finden Sie z.B. in unserem Band 2.

Gemüsesalat, warmer

		Den Siebeinsatz in den Mixtopf hängen und
250 g	**Basmatireis**	einwiegen.
1000 g	**Wasser**	
2 EL	**Gemüsebrühe**	zugeben und den Mixtopf verschließen.
500 g	**Brokkoli (in Röschen geteilt)**	
2	**Paprika (rot, in Streifen)**	
etw	**Lauch (nach Geschmack, in Ringen)**	in den Garaufsatz geben, diesen auf den Mixtopf setzen und alles 20 Minuten / Dampfgarstufe / Stufe 1 garen. Gemüse und Reis anschließend in eine Schüssel umfüllen und etwas abkühlen lassen. Den Mixtopf säubern.
2	**Knoblauchzehen**	
10 g	**Ingwer**	in den Mixtopf geben und 5 Sekunden / Stufe 5 zerkleinern.
10 g	**Öl**	zugeben und 2½ Minuten / Dampfgarstufe / Stufe 1 andünsten.
2 EL	**Balsamico-Essig (hell)**	
1–2 TL	**Curry (mild oder scharf, nach Geschmack)**	
1 EL	**Sojasauce**	zugeben, mit

250 g	**Kokosmilch**	ablöschen und kurz auf Stufe 2 verrühren. Die Sauce über das Gemüse geben und alles noch ca. 15 Minuten ziehen lassen.

Rezeptvarianten:

- Keine Lust auf ein Komplettgericht? Wenn Sie nur den warmen Salat zubereiten möchten, reduzieren Sie einfach die Sauce, indem Sie die Kokosmilch durch 2 EL Kokosraspeln ersetzen.

Fleischsalat

Mayonnaise

1	**Ei**	
1 Pr	**Salz**	
1 TL	**Zucker**	
	Saft von	
1	**Zitrone**	
1 EL	**Senf**	in den Mixtopf geben, diesen verschließen, auf Stufe 4 – 5 stellen und durch die Deckelöffnung langsam
¼ l	**Öl**	zulaufen lassen (ohne dabei den Messbecher abzunehmen), bis die Mayonnaise dicklich wird. Umfüllen und ohne Spülen weiterarbeiten.

Salat

2	**Zwiebeln (halbiert)**	
2	**Äpfel (in groben Stücken)**	
3–4	**Gewürzgurken**	
etw	**Pfeffer**	in den Mixtopf geben, 3 Sekunden / Stufe 5 zerkleinern und umfüllen.
600 g	**Fleischwurst (in groben Stücken)**	in den Mixtopf füllen und 2 Sekunden / Stufe 5 zerkleinern. Die restlichen Zutaten (inkl. Mayonnaise) wieder zugeben und alles auf Rückwärtsgang / Stufe 2 mit Hilfe des Spatels vermischen.

		Eventuell mit
etw	**Salz**	und
etw	**Pfeffer**	abschmecken.

Anmerkung:

- Den Fleischsalat kaltstellen und innerhalb von einem Tag verzehren.

Rezeptvarianten:

- Wer Käse mag, sollte unbedingt welchen mit in den Salat geben.
- Auch Kapern passen sehr gut in diesen Fleischsalat.
- Mögen/Vertragen Sie keine Äpfel? Kein Problem! Lassen Sie diese einfach weg.

Serviervorschlag:

- Fleischsalat auf ofenfrischem Brot! Einfach nur lecker! Wir empfehlen dazu das Bauernbrot mit Buttermilch aus unserem Band 2.

Farfalle-Salat

500 g	**Mini-Farfalle**	kochen und abkühlen lassen.

Sauce

1	**Knoblauchzehe** ...	in den Mixtopf geben und 5 Sekunden / Stufe 5 zerkleinern.
1 Gl	**Tomaten (getrocknet, in Öl, 280 g)**	
50 g	**Olivenöl**	
50 g	**Balsamico-Essig (hell)**	
1 TL	**Sambal-Olek**	
2 EL	**Oregano**	
etw	**Salz**	
etw	**Pfeffer**	zugeben und alles 15 Sekunden / Stufe 5 vermischen.

Fertigstellung

		Die Sauce über die Farfalle geben. Hinzu kommen noch
200 g	**Pinienkerne (geröstet)**	
1 Bd	**Lauchzwiebeln (klein geschnitten)**	
500 g	**Cocktailtomaten (geviertelt)**	
125 g	**Rucola**	
		Alles gut vermengen und genießen.

Anmerkungen:

- Die getrockneten Tomaten kommen inkl. des sich im Glas befindlichen Öls in die Sauce.

- Die Mini-Farfalle können auch in 2 Portionen á 250 g mit Rückwärtsgang im Wunderkessel gekocht werden. Die Kochzeit richtet sich hier nach der Packungsangabe.
- Pinienkerne einfach ohne Fett in einer Pfanne anrösten. Aber Achtung! Die Kerne brennen schnell an. Haben Sie einen Backstein? Dann verteilen Sie die Kerne einfach auf den Stein und geben diesen einen Moment in den vorgeheizten Backofen. Bezugsquellen für Backsteine können Sie per Mail über info@wunderkessel.de anfragen. In unserem Austauschforum gibt es mittlerweile sogar schon einen eigenen Bereich rund um das Thema Backsteine.

Tortellinisalat

1200 g	**Wasser**	
1 EL	**Öl**	
1 TL	**Salz**	in den Mixtopf geben und in ca. 8 Minuten / Dampfgarstufe / Stufe 1 zum Kochen bringen.
500 g	**Tortellini**	zugeben und 10 Minuten / 100° / Rückwärtsgang / Rührstufe kochen. Die gekochten Tortellini anschließend umfüllen und abkühlen lassen. Den Mixtopf säubern.
100 g	**Mayonnaise (leicht, 4,8% Fett)**	
100 g	**Saure Sahne**	
1 Hd	**Basilikumblätter**	
1 Bd	**Schnittlauch (klein geschnitten)**	
10 g	**Balsamico-Essig (hell)**	
½ TL	**Thymian**	
etw	**Salz**	
etw	**Pfeffer**	in den Mixtopf geben, 10 Sekunden / Stufe 4 verrühren und anschließend über die abgekühlten Tortellini geben. Hinzu kommen noch
500 g	**Cocktailtomaten (halbiert oder geviertelt)**	sowie
300 g	**Kochschinken (mager, in Streifen).**	
		Alles vorsichtig vermengen und kühl stellen.

Malzbiergulasch

3	**Schalotten**	
1 TL	**Öl**	in den Mixtopf geben, 3 Sekunden / Stufe 5 zerkleinern und anschließend 2½ Minuten / Dampfgarstufe / Stufe 1 andünsten.
700 g	**Rindergulasch (gewürfelt)**	zugeben und 10 Minuten / Dampfgarstufe / Rückwärtsgang / Stufe 1 andünsten.
2 Pr	**Salz**	
3 Pr	**Pfeffer**	
2 TL	**Paprikapulver (scharf)**	
500 ml	**Malzbier**	
50 g	**Tomatenmark**	
1 EL	**Gemüsebrühe**	zufügen und 45 Minuten / 100° / Rückwärtsgang / Rührstufe garen. Anschließend
1 TL	**Steinpilze (pulverisiert)**	geht auch ohne
1 EL	**TK-Kräuter (z.B. 8-Kräuter)**	
1 TL	**Zuckercouleur**	mit etwas Soßenbinder andicken!
2 Pr	**Pfeffer**	
2 EL	**Crème fraîche**	+ kräftiger würzen!
2	**Paprika (rot, gewürfelt)**	zugeben und weitere 15 Minuten / 100° / Rückwärtsgang / Rührstufe garen.

Rezeptvariante:

- Sehr lecker auch mit Putenfleisch (aus der Keule) anstelle von Rindfleisch. Hier sollten Sie allerdings die Garzeit reduzieren.

Fischfilet mit Tomatenreis

Vorbereitung

ca. 700 g	**Fischfilet**	mit
etw	**Zitronensaft**	
etw	**Salz**	
etw	**Pfeffer**	würzen.
		Den Garaufsatz sowie den Einlegeboden mit Backpapier auskleiden. Hierzu das Backpapier nass machen, ausdrücken und in den Garaufsatz und den Einlegeboden legen.
		Das Fischfilet darauf geben und die Ecken des Backpapiers nach oben zwirbeln, damit der Saft aufgefangen wird. (Achtung! Nicht alle Luftlöcher mit Papier bedecken, damit beim Kochen noch genug Dampf durchdringen kann!)
		Den Einlegeboden in den Garaufsatz setzen und beiseite stellen.

Fertigstellung

1 Kugel	**Mozzarella**	in den Mixtopf geben, 8 Sekunden / Stufe 4 zerkleinern und umfüllen.
1	**Knoblauchzehe**	
1	**Zwiebel**	in den Mixtopf geben und 5 Sekunden / Stufe 5 zerkleinern.
1	**Tomate (halbiert)**	
200 g	**Champignons**	
20 g	**Butter**	
2 TL	**Gemüsebrühe**	

etw	**Pfeffer**	zugeben, weitere 3 Sekunden / Stufe 5 zerkleinern und anschließend 4 Minuten / 100° / Stufe 2 andünsten. Den zerkleinerten Mozzarella wieder zugeben und 5 Sekunden / Stufe 2 unterrühren. Den Fisch gleichmäßig mit der Masse bedecken und den Deckel auflegen. Den Mixtopf säubern.
1	**Knoblauchzehe**	
1	**Zwiebel**	in den Mixtopf geben und 5 Sekunden / Stufe 5 zerkleinern.
10 g	**Olivenöl**	zugeben und 2½ Minuten / Dampfgarstufe / Stufe 1 andünsten.
200 g	**Tomaten (halbiert)**	hinzufügen und 5 Sekunden / Stufe 5 zerkleinern. Mit
800 g	**Wasser**	auffüllen und
1½ EL	**Gemüsebrühe**	würzen. Den Siebeinsatz einhängen,
250 g	**Reis (gewaschen)**	einwiegen und mit der Flüssigkeit kurz auf Stufe 8 „spülen“. Den Garaufsatz aufsetzen und alles ca. 25 – 30 Minuten / Dampfgarstufe / Stufe 2 garen.

Anmerkungen:

- Sofern der Reis lt. Packungsangabe eine kürzere Garzeit hat, diesen samt Siebeinsatz erst später in den Mixtopf einhängen.
- Wenn Sie aus dem verbleibendem Garsud noch eine zusätzliche Sauce herstellen möchten, dann geben Sie einfach nach Geschmack Schmand, Reismehl, Salz, Pfeffer, evtl. eine Prise Chilipulver und Kräuter hinzu und kochen alles nochmal auf.

Paella

Vorbereitung

250 g	**Hähnchenbrust** ...	und
150 g	**Fischfilet**	in Stücke schneiden und mit
etw	**Zitronensaft**	
etw	**Salz**	
etw	**Pfeffer**	würzen.
250 g	**Garnelen (roh, geschält)**	„köpfen“ und ebenfalls mit
etw	**Zitronensaft**	
etw	**Salz**	
etw	**Pfeffer**	würzen. Fleisch, Fisch und Garnelen beiseite stellen.

Fertigstellung

2	**Knoblauchzehen**	
250 g	**Zwiebeln**	in den Mixtopf geben und 5 Sekunden / Stufe 5 zerkleinern.
10 g	**Olivenöl**	zugeben und 5 Minuten / Dampfgarstufe / Stufe 1 anschwitzen.
550 g	**Wasser**	
1 EL	**Gemüsebrühe**	
½ g	**Safran (gemahlen)**	
1 TL	**Kurkuma**	hinzufügen. Den Siebeinsatz einhängen,
250 g	**Reis (gewaschen)**	einwiegen und mit der Flüssigkeit kurz auf Stufe 8 „spülen“.
130 g	**Erbsen**	
130 g	**Paprika (rot, in kleinen Stücken)**	

130 g	**Möhren (in Scheiben)**	
130 g	**Tomaten (kleine oder klein geschnitten)**	
1	**Knoblauchzehe (in feinen Scheiben)**	sowie die bereits vorbereiteten Fleisch- und Fischstücke und die Garnelen in den Garaufsatz füllen und mit einem großen Löffel alles gut vermengen. (Achtung! Nicht alle Luftlöcher mit bedecken, damit beim Kochen noch genug Dampf durchdringen kann!) Den Deckel des Garaufsatzes auflegen, den Garaufsatz aufsetzen und alles ca. 30 Minuten / Dampfgarstufe / Stufe 2 garen. Anschließend die restliche Garflüssigkeit zusammen mit dem Reis und dem Garaufsatz-Inhalt in eine große Schüssel umfüllen, vorsichtig vermengen und genießen.

Anmerkungen:

- Sofern der Reis lt. Packungsangabe eine kürzere Garzeit hat, diesen samt Siebeinsatz erst später in den Mixtopf einhängen.
- Als Fisch eignet sich z.B. Zanderfilet.

Serviervorschlag:

- Mit mediterranen Kräutern bestreuen und/oder Zitronenspalten garnieren.

Putengyros mit Tomatenreis und Dipp

2	**Zwiebeln (mittelgroß)**	in den Mixtopf geben und 5 Sekunden / Stufe 5 zerkleinern. Die Hälfte der Zwiebeln umfüllen, die andere Hälfte im Mixtopf belassen.
1 EL	**Öl**	zugeben und 2 Minuten / Dampfgarstufe / Stufe 1 andünsten.
200 g	**Langkornreis**	einwiegen und 2 Minuten / 100° / Rückwärtsgang / Stufe 1 andünsten.
250 g	**Wasser (warm)**	
½ EL	**Gemüsebrühe**	
500 g	**Tomaten (passiert)**	zufügen und 30 Minuten / 80° / Rückwärtsgang / Stufe 1 garen. Ca. 5 Minuten vor Ablauf der Garzeit
100 g	**Erbsen (tiefgekühlt)**	durch die Deckelöffnung einfüllen.

<u>In der Zwischenzeit</u>

500 g	**Putenbrust**	waschen, trocken tupfen, in schmale Streifen schneiden und mit
2 TL	**Gyrosgewürz**	vermischen.
1 EL	**Öl**	in einer Bratpfanne erhitzen und das Fleisch darin ca. 5 bis 10 Minuten unter Wenden kräftig anbraten. Die restlichen Zwiebeln sowie
1	**Paprika (rot, gewürfelt)**	zugeben und weitere 5 Minuten anbraten.

		Mit
¼ TL	**Pfeffer (weiß)**	und
½ TL	**Salz**	würzen, anschließend mit
1 TL	**Petersilie**	bestreuen, umfüllen und in einer Schüssel warmhalten.

Fertigstellung

		Nach Ablauf der Garzeit den Tomatenreis umfüllen und ebenfalls warmhalten. Den Mixtopf säubern.
2	**Knoblauchzehen**	in den Mixtopf geben und 3 Sekunden / Stufe 5 zerkleinern.
½	**Schlangengurke (geschält, entkernt, in groben Stücken)**	zugeben und 3 Sekunden / Stufe 5 zerkleinern.
500 g	**Magerquark**	
2–3 EL	**Milch**	
¼ TL	**Salz**	
5 Pr	**Pfeffer (weiß)**	
evtl. etw	**Dill**	zugeben und alles 30 Sekunden / Rückwärtsgang / Stufe 3 vermischen. Das Puten-Gyros zusammen mit dem Tomatenreis und dem Dipp servieren.

Persönliche Anmerkungen:

Schnitzel mit Gemüse-Käse-Mantel

		Den Garaufsatz inkl. Einlegeboden mit
etw	**Margarine**	leicht einfetten.
4	**Schnitzel**	mit
etw	**Salz**	und
etw	**Pfeffer**	würzen und so im Garaufsatz und Einlegeboden verteilen, dass noch ein paar Luftlöcher freibleiben, damit genügend Dampf durchdringen kann.
2	**Zwiebeln**	in den Mixtopf geben und 5 Sekunden / Stufe 5 zerkleinern.
200 g	**Speckwürfel**	zugeben und 3 Minuten / Dampfgarstufe / Stufe 1 anschwitzen.
1 kl	**Zucchini (in Stücken)**	
1	**Paprika (rot, in Stücken)**	zufügen und 3 Sekunden / Stufe 5 zerkleinern.
2 EL	**Schmand**	hinzugeben und alles 10 Sekunden / Stufe 2 verrühren. Die Schnitzel mit dieser Mischung dünn bestreichen. (Den Rest im Mixtopf belassen.) Auf die Schnitzel
1–2	**Tomaten (in Scheiben, pro Schnitzel jew 1 Schei)**	und
4 Schei	**Käse (z.B. Gouda, pro Schnitzel jew 1 Schei)**	legen und den Deckel auflegen.

		Zur restlichen Gemüsemischung
500 g	**Wasser**	
1 EL	**Gemüsebrühe**	in den Mixtopf geben.
		Den Siebeinsatz einhängen und mit
800 g	**Kartoffeln (gewürfelt)**	befüllen.
		Den Mixtopf schließen, den Garaufsatz aufsetzen und alles ca. 25–30 Minuten / Dampfgarstufe / Stufe 1 garen.
		Nach Ablauf der Garzeit den Garaufsatz abnehmen, die Kartoffeln umfüllen und warmhalten.
		Für die Sauce zur restlichen Garflüssigkeit
100 g	**Schmand**	
2 EL	**Kartoffeln (gekocht, s.o.)**	
etw	**Kräuter (nach Geschmack)**	
1 Pr	**Pfeffer**	
evtl. 1 Pr	**Chilipulver**	
evtl. 1 Pr	**Cayennepfeffer** ...	in den Mixtopf geben und 20 Sekunden / Stufe 6 unterrühren.

Anmerkungen:

- Als Schnitzelfleisch eignet sich Pute, Schwein oder auch Kalb.
- Die Garzeit richtet sich nach der Dicke des Fleisches und auch nach der Kartoffelsorte. Unbedingt eine Garprobe machen.
- Als Fingerfood: Medaillons vom Schwein oder von der Pute nehmen (ca. 20 Stück).

Rezeptvarianten:

- Bereiten Sie die Sauce etwas kalorienbewusster mit fettreduziertem Frischkäse oder Saurer Sahne anstelle von Schmand zu.
- Statt Kartoffeln können Sie auch Reis als Beilage verwenden.

Hackfleischröllchen mit scharfer Paprikasauce

2	**Knoblauchzehen**	
1	**Zwiebel**	in den Mixtopf geben und 5 Sekunden / Stufe 5 zerkleinern. Die Hälfte umfüllen und den Rest im Mixtopf belassen.
150 g	**Feta (in groben Stücken)**	
500 g	**Hackfleisch (halb / halb)**	
1	**Ei**	
3 EL	**Paniermehl**	
½ TL	**Thymian (gerebelt)**	
½ TL	**Rosmarin (geschnitten)**	
1 gestr TL	**Salz**	zugeben und 20 Sekunden / Rückwärtsgang / Stufe 4 vermengen. Aus der Hackfleischmasse ca. 15–20 Röllchen formen und zur Seite stellen. Den Mixtopf säubern.
2 EL	**Öl**	in den Mixtopf geben, das restliche Knoblauch-/Zwiebelgemisch zufügen und 2½ Minuten / Dampfgarstufe / Stufe 1 andünsten.
2	**Paprika (rot, in groben Stücken)**	zugeben und alles 12 Minuten / 100° / Stufe 1 dünsten.

In der Zwischenzeit

2 EL	**Öl**	in einer Pfanne erhitzen und die Hackfleischröllchen ca. 10 Minuten darin anbraten.

Fertigstellung der Sauce

		Nach Ablauf der Garzeit
100 g	**Schmand**	
½ TL	**Cayennepfeffer**	
¼ TL	**Salz**	
3 Pr	**Pfeffer**	
1 EL	**Ajvar**	zur Paprika in den Mixtopf geben und weitere 2 Minuten / 100° / Stufe 1 mit aufkochen. Anschließend 30 Sekunden / Stufe 8 pürieren. Die Sauce über die Hackfleischröllchen geben und servieren.

Anmerkung:

- Ajvar ist eine Paprikapaste. Man findet sie mittlerweile in jedem gut sortierten Supermarkt.

Rezeptvariante:

- Statt in der Pfanne können Sie die Hackfleischröllchen auch zum Garen in den Backofen geben.

Serviervorschlag:

- Mit frischem Baguette und/oder Reis servieren. Ein Baguette-Rezept finden Sie z.B. in unserem Band 2.

Gulasch, vegetarisch mit Reis

1200 g	**Wasser**	
2 EL	**Gemüsebrühe**	in den Mixtopf geben.
		Den Siebeinsatz einhängen und
250 g	**Reis (z.B. Basmati, gewaschen)**	einwiegen, kurz auf Stufe 8 „spülen" und anschließend ca. 18 Minuten / 100° / Stufe 1 garen. Den Reis nach Ablauf der Garzeit in den Garaufsatz füllen und den Deckel auflegen. Den Mixtopf säubern.
1	**Knoblauchzehe**	
1	**Zwiebel**	in den Mixtopf geben und 5 Sekunden / Stufe 5 zerkleinern.
250 g	**Seitan (gewürfelt)**	
1 TL	**Paprikapulver**	
etw	**Cajungewürz**	
30 g	**Öl**	zufügen und 4 Minuten / Dampfgarstufe / Rückwärtsgang / Stufe 1 andünsten.
1	**Paprika (rot, gewürfelt)**	
1	**Zucchini (gewürfelt)**	
3	**Tomaten (gewürfelt)**	
30 g	**Tomatenmark**	
2 EL	**Paprikapulver**	
etw	**Kümmel**	
evtl. 1 Pr	**Cayennepfeffer** ...	zugeben und 3 Minuten / 100° / Rückwärtsgang / Stufe 1 dünsten.

200 g	**Wasser**	
2 EL	**Gemüsebrühe**	zufügen, den Garaufsatz aufsetzen und 10 Minuten / Dampfgarstufe / Rückwärtsgang / Stufe 2 garen. Nach Ablauf der Garzeit den Garaufsatz abnehmen. Die Gemüsesauce im Mixtopf mit
etw	**Salz**	und
etw	**Pfeffer**	abschmecken, mit
etw	**Petersilie**	und
etw	**Kräuter (nach Geschmack)**	bestreuen und kurz auf Rückwärtsgang / Stufe 1–2 unterrühren. Das Gemüse zusammen mit dem Reis in eine Schüssel umfüllen, vermengen und servieren.

<u>Anmerkungen:</u>

- Die Garzeit des Reises ist abhängig von der Sorte. Bitte unbedingt die Packungsangabe beachten und die Garzeit gegebenenfalls entsprechend anpassen.
- Der Reis wird beim letzten Garvorgang lediglich im Garaufsatz warmgehalten.
- Seitan wird aus Weizen hergestellt und ist ein sehr schmackhafter Fleischersatz. Man erhält ihn in jedem gut sortierten Bioladen oder auch im Reformhaus. Seitan kann man aber auch selbst herstellen. Ein entsprechendes Rezept dazu finden Sie in unserem Austauschforum.

<u>Rezeptvarianten:</u>

- Statt mit Reis kann dieses Gericht auch mit Kartoffeln zubereitet werden.
- Die Sauce eventuell mit einem Klecks Schmand oder Crème fraîche abschmecken.

Grillkäse, marinierter

Marinade

ca. 6	**Tomaten (mariniert)**	
3	**Knoblauchzehen**	
1 TL	**Salz**	
½ TL	**Pfeffer**	
2	**Chilischoten (getrocknet)**	
50–100 g	**Olivenöl**	
1 Sp	**Zitronensaft**	in den Mixtopf geben und 30 Sekunden / Stufe 10 mixen.

Fertigstellung

6 Stck	**Feta (á 200 g)**	jeweils auf ein Stück Alufolie legen, mit der Marinade bestreichen, mit der Folie einpacken und über Nacht ziehen lassen. Der marinierte Feta wird samt Alufolie (ohne Wenden) auf dem Grill ca. 10 Minuten gebacken.

Anmerkungen:

- Ein Rezept für marinierte Tomaten finden Sie ebenfalls in diesem Band. Alternativ können Sie auch getrocknete Tomaten verwenden.
- Die Menge reicht für ca. 12 Portionen.
- Perfekt für einen gemütlichen Grillabend.

Rezeptvarianten:

- Statt auf dem Grill kann der Käse auch im Ofen (in Förmchen) zubereitet werden.

- Eine leckere Alternative zu Feta ist „richtiger“ Schafskäse.
- Anstelle von Feta können Sie auch foliengereiften Ziegenschnittkäse verwenden.

Serviervorschlag:

- Mit frischem Fladenbrot genießen. Ein leckeres Fladenbrotrezept finden Sie übrigens auch in unserem Band 2.

Hähnchenschnitzel Hawaii mit Curryreis

Vorbereitung

4	**Hähnchen-schnitzel**	mit
etw	**Salz**	bestreuen und mit
etw	**Zitronensaft**	beträufeln. Von
1 gr Do	**Ananas (in Scheiben)**	jeweils 1 Scheibe auf ein Schnitzel legen. (Die restlichen Ananas inkl. Saft werden für die Sauce benötigt!) In das „Ananasloch“ jeweils
etw	**Marmelade (rot)**	geben und die Schnitzel mit
4 Schei	**Käse (z.B. Gouda, jew 1 Schei pro Schnitzel)**	bedecken. Den Garaufsatz sowie den Einlegeboden mit
etw	**Margarine**	ganz leicht einfetten. Jeweils 2 Schnitzel in den Garaufsatz und in den Einlegeboden geben, den Deckel auflegen und beiseite stellen.

Fertigstellung

1–2 TL	**Kurkuma**	
etw	**Pfeffer**	
2–3 TL	**Curry (mild)**	in den Mixtopf geben und 1 Minute / Dampfgarstufe / Stufe 1 erhitzen.

2	**Knoblauchzehen**	
1–2	**Zwiebeln**	zugeben und 5 Sekunden / Stufe 5 zerkleinern.
1 EL	**Öl**	zufügen und 2 Minuten / Dampfgarstufe / Stufe 1 andünsten. Die restlichen Ananasscheiben inkl. Saft zugeben und 10 Sekunden / Stufe 7 zerkleinern.
520 g	**Wasser**	
1 EL	**Gemüsebrühe**	zufügen und alles 5 Sekunden / Stufe 5 vermischen. Den Mixtopf verschließen, den Garaufsatz aufsetzen und alles zunächst 10 Minuten / Dampfgarstufe / Stufe 2 garen. Den Garaufsatz abnehmen, den Siebeinsatz einhängen,
200 g	**Reis (gewaschen)**	einwiegen, mit der Flüssigkeit kurz auf Stufe 8 „spülen“, den Garaufsatz wieder aufsetzen und weitere 20–30 Minuten / Dampfgarstufe / Stufe 2 garen. Anschließend den Garaufsatz abnehmen (Deckel geschlossen halten!), den Siebeinsatz entnehmen, den Reis kurz durchrühren, umfüllen und warm halten. Die restliche Garflüssigkeit im Mixtopf belassen.

Sauce

		Zur restlichen Garflüssigkeit
200 g	**Schmand**	
200 g	**Schmelzkäse**	
1–2 EL	**Speisestärke**	geben, kurz auf Stufe 3 vermischen und anschließend 5 Minuten / 100° / Stufe 2 aufkochen.

Anmerkungen:

- Die Garzeit richtet sich nach Größe und Dicke der Hähnchenschnitzel. Daher unbedingt eine Garprobe machen und die Garzeit gegebenenfalls verlängern.
- Sofern der Reis lt. Packungsangabe eine kürzere Garzeit hat, diesen samt Siebeinsatz erst später in den Mixtopf einhängen.

Rezeptvarianten:

- Preiselbeeren anstelle von roter Marmelade verwenden.
- Champignonscheiben zusätzlich in den Garaufsatz geben und mitgaren.
- Ananas durch Pfirsiche austauschen.
- Für eine kalorienärmere Variante Schmand durch fettreduzierte Kochsahne ersetzen, fettarmen Schmelzkäse verwenden oder statt Schmelzkäse Frischkäse oder Kräuterfrischkäse nehmen.
- Nach Geschmack noch Kräuter mit in die Sauce geben.

Apfelküchlein

500 g	**Weizenmehl (Type 405)**	
1	**Ei**	
1 Wü	**Hefe**	
30 g	**Zucker**	
1 Pr	**Salz**	
500 g	**Milch**	
250 g	**Mineralwasser**	in den Mixtopf geben und 30 Sekunden / Stufe 5 verrühren.
8	**Äpfel (geschält, entkernt, geviertelt)**	zugeben und 20 Sekunden / Stufe 4 unterrühren. Aus dem Teig kleine „Küchlein" in einer Pfanne mit Öl ausbacken.

Anmerkung:

- Die Küchlein sind ratz-fatz fertig und schmecken sowohl warm als auch kalt.

Rezeptvariante:

- Kalorienbewusste Variante: Im Backofen in einer leicht gefetteten flachen Form backen.

Serviervorschläge:

- Die fertigen „Küchlein" mit Zimt und/oder Zucker bestreuen und servieren.
- Sehr lecker auch mit Vanillesauce. (Ein leckeres Rezept für Vanillesauce finden Sie z.B. in unserem Band 3).

Filetsteaks mit Birnengemüse

Vorbereitung

1	**Birne (geschält, geviertelt)**	
1 EL	**Honig**	
3 Pr	**Pfeffer**	in den Mixtopf geben und 20 Sekunden / Stufe 7 zu einer Marinade verrühren.
4	**Filetsteaks (á ca. 150 g)**	damit bestreichen und 1 Stunde ziehen lassen.

Fertigstellung

500 g	**Wasser**	
1 EL	**Gemüsebrühe**	in den Mixtopf geben. Den Siebeinsatz einhängen,
800 g	**Kartoffeln (festkochend, gewürfelt)**	einwiegen und ca. 25 Minuten / Dampfgarstufe / Stufe 1 garen. Die Kartoffeln anschließend umfüllen und warmhalten. Den Mixtopf säubern und trocknen.
2	**Zwiebeln (halbiert)**	in den Mixtopf geben und 5 Sekunden / Stufe 5 zerkleinern.
100 g	**Speck (gewürfelt)**	zugeben und 3 Minuten / Dampfgarstufe / Rückwärtsgang / Stufe 1 andünsten.
3	**Birnen (geschält, grob gewürfelt)**	
150 g	**Crème fraîche**	

100 g	**Birnensaft (naturtrüb)**	
1 TL	**Gemüsebrühe**	
1 Pr	**Pfeffer**	zufügen und 10 Minuten / 90° / Rückwärtsgang / Stufe 1 garen. 1 Minute vor Ablauf der Garzeit die gegarten Kartoffelwürfel vorsichtig durch die Deckelöffnung zugeben.

In der Zwischenzeit

3 EL	**Butter**	in einer Pfanne zerlaufen lassen und die marinierten Steaks darin von jeder Seite ca. 4 Minuten braten. Die Filetsteaks mit dem Birnengemüse auf Tellern anrichten und servieren.

Anmerkung:

- Die Garzeit der Kartoffeln richtet sich nach der Sorte. Daher bitte eine Garprobe machen und die Garzeit eventuell nochmal verlängern.

Nudelnester, italienische

1500 g	**Wasser**	
1 TL	**Öl**	
2 TL	**Salz**	in den Mixtopf geben und ca. 12 Minuten / Dampfgarstufe / Stufe 1 zum Kochen bringen.
200 g	**Spaghetti (Hartweizen)**	langsam durch die Deckelöffnung ins Wasser gleiten lassen und ca. 8–10 Minuten (je nach Packungsangabe) / 100° / Rückwärtsgang / Stufe 1 bissfest kochen. Währenddessen den Backofen auf 175° Umluft vorheizen. Die Spaghetti abgießen und warmhalten. Den Mixtopf säubern und mit kaltem Wasser ausspülen. Für die Sauce
½ Kugel	**Mozzarella**	in den kalten Mixtopf geben, 8 Sekunden / Stufe 4 zerkleinern und umfüllen.
1	**Knoblauchzehe**	
1	**Zwiebel**	in den Mixtopf geben und 5 Sekunden / Stufe 5 zerkleinern.
15 g	**Olivenöl**	zugeben und 2½ Minuten / Dampfgarstufe / Stufe 1 andünsten.
150 g	**Tomaten (halbiert)**	zufügen und 4 Sekunden / Stufe 5 zerkleinern. Anschließend weitere 2 Minuten / Dampfgarstufe / Rückwärtsgang / Stufe 1 (ohne Messbecher!) anschwitzen.
160 g	**Mascarpone**	
3	**Eier**	

1 EL	**Kräuter (italienisch)**	
½–1 EL	**Gemüsebrühe**	
etw	**Pfeffer**	
etw	**Paprikapulver (scharf)**	sowie den vorbereiteten Mozzarella zugeben und 1 Minute / Stufe 3 vermischen. Die Spaghetti vorsichtig durch die Deckelöffnung zugeben und alles 30 Sekunden / Rückwärtsgang / Stufe 2 vermengen. Eine 12er-Muffinform mit
etw	**Olivenöl**	einpinseln. Aus den Spaghetti mit einer Gabel kleine Nester drehen und in die Muffinmulden verteilen. Eventuelle Reste aus dem Mixtopf darüber geben. Nach Geschmack mit
etw	**Käse (gerieben)**	bestreuen und bei 175° Umluft im vorgeheizten Ofen ca. 25–30 Minuten goldbraun backen.

Anmerkungen:

- Die Kochzeit der Spaghetti hängt von der Sorte ab, daher unbedingt die Packungsangabe beachten.
- Statt mit Umluft können Sie die Nester auch bei 200° Ober-/Unterhitze backen.

Rezeptvarianten:

- Mascarpone durch Quark austauschen.
- Mozzarella durch beliebigen Käse (z.B. Gouda, Emmentaler, Edamer, etc.) ersetzen.
- Statt frischen Tomaten können Sie auch 200 g stückige Tomaten aus der Dose verwenden.

Serrano-Kartoffeln im Töpfchen

500 g	**Wasser**	
1 EL	**Gemüsebrühe**	in den Mixtopf geben. Den Siebeinsatz einhängen,
8 kl	**Kartoffeln (gewaschen, mit Schale, z.B. Drillinge)**	einfüllen und 25 Minuten / 100° / Stufe 1 kochen. Die Kartoffeln anschließend umfüllen und abkühlen lassen. Den Mixtopf säubern. Die abgekühlten Kartoffeln halbieren und in
16 Schei	**Serrano-Schinken (jew 1 Schei pro ½ Kartoffel)**	einwickeln. Immer zwei Kartoffelhälften in ein mit
etw	**Margarine**	gefettetes Souffléförmchen legen. Den Backofen auf 200° vorheizen. Für die Sauce
150 g	**Milch**	
50 g	**Sahne**	
1 EL	**Schmelzkäse**	
½ EL	**Kräuter (italienisch)**	
½ TL	**Gemüsebrühe**	
etw	**Pfeffer**	
etw	**Muskat**	
5–10 g	**Mehl**	in den Mixtopf geben und zunächst 5 Sekunden / Stufe 4 vermischen. Anschließend 4 Minuten / 100° / Stufe 2 aufkochen und über die Kartoffeln geben.

	Nach Geschmack mit
Käse (gerieben)	bestreuen und im vorgeheizten Backofen bei 200° auf mittlerer Schiene ca. 20 Minuten gratinieren.

Anmerkung:

- Eine sehr leckere Beilage zu Fleisch- oder Fischgerichten.

Rezeptvariante:

- Als Hauptgericht können Sie von diesem Gericht eine größere Menge herstellen. Die Kartoffeln werden dann am besten in einer Auflaufform gratiniert.

Tomatenrisotto

30 g	**Parmesan**	in den Mixtopf geben, auf Stufe 10 zerkleinern und umfüllen.
1	**Knoblauchzehe**	
1	**Schalotte**	in den Mixtopf geben und 5 Sekunden / Stufe 5 zerkleinern.
3 EL	**Butter**	zugeben und 3 Minuten / Dampfgarstufe / Stufe 1 andünsten.
240 g	**Risottoreis (Arborio, Vialone oder Carnaroli)**	einwiegen und weitere 3 Minuten / Dampfgarstufe / Rückwärtsgang / Stufe 1 mit dünsten.
1 TL	**Tomatenmark**	zufügen und mit
100 g	**Weißwein**	ablöschen.
500 g	**Wasser**	
1–1½ EL	**Gemüsebrühe**	
200 g	**Tomaten (stückige, aus der Dose, inkl. Saft)**	
etw	**Salz**	
etw	**Pfeffer**	zugeben und alles 22 Minuten / 100° / Rückwärtsgang / Stufe 1 garen. Anschließend
50 g	**Butter**	sowie den vorbereiteten Parmesan hinzufügen und 10 Sekunden / Rückwärtsgang / Stufe 2–3 unterrühren.

Anmerkung:

- Risotto sollte eher flüssig bis cremig sein.

Pilzrahm-Sauce

2	**Knoblauchzehen**	in den Mixtopf geben, 3 Sekunden / Stufe 5 zerkleinern und mit dem Spatel zum Mixtopfboden schieben.
200 g	**Champignons (frisch, in Scheiben)**	
30 g	**Olivenöl**	zugeben, 2½ Minuten / Dampfgarstufe / Stufe 1 andünsten und umfüllen.
150 g	**Wasser**	
200 g	**Sahne**	
1 EL	**Kräuter (getrocknet, z.B. Petersilie, Schnittlauch, Dill, Kerbel)**	
1 TL	**Gemüsebrühe**	
etw	**Pfeffer**	
etw	**Cayennepfeffer**	
10 g	**Mehl**	zufügen und 5 Sekunden / Stufe 4 vermischen.
1	**Tomate (gehäutet, in Würfeln)**	sowie die Champignon-Knoblauch-Mischung zugeben und alles 7 Minuten / 100° / Rückwärtsgang / Stufe 1 kochen.

Anmerkung:

- Diese Sauce schmeckt hervorragend zu Pasta, aber auch zu Semmelknödeln und vielen Fleischgerichten (z.B. Schnitzel).

Paprika-Rahm-Sauce

3	**Paprika (rot, grün und gelb, geviertelt)**	
2	**Zwiebeln**	in den Mixtopf geben und 3 Sekunden / Stufe 5 zerkleinern.
500 g	**Wasser**	
1 EL	**Gemüsebrühe**	zugeben und 15 Minuten / 100° / Stufe 1 kochen.
200 g	**Sahne**	
2 EL	**Mehl**	
2 EL	**Tomatenmark**	
etw	**Salz**	
etw	**Pfeffer**	
etw	**Paprikapulver**	zufügen und weitere 3 Minuten / 100° / Rückwärtsgang / Stufe 3 kochen.

Anmerkung:

- Sehr lecker zu Reisgerichten, Pasta und Fleisch.

Zwiebelsauce, dunkle

2–3	**Zwiebeln (halbiert)**	in den Mixtopf geben und 5 Sekunden / Stufe 5 zerkleinern.
20 g	**Öl**	zugeben und 3 Minuten / Dampfgarstufe / Stufe 1 andünsten.
400 g	**Wasser**	
1 EL	**Senf (scharf)**	
1 EL	**Suppengrundstock**	
1 TL	**Zucker**	
1 TL	**Balsamico-Essig (dunkel)**	
ca. ½ TL	**Zuckercouleur**	
1 Pr	**Salz**	
1 Pr	**Pfeffer**	
1 EL	**Speisestärke (in kaltem Wasser aufgelöst)**	zunächst kurz auf Stufe 3 verrühren und anschließend 6 Minuten / 100° / Stufe 2–3 aufkochen. Mit
1–2 EL	**Crème fraîche**	verfeinern und nochmals kurz auf Stufe 4 verrühren.

Anmerkung:

- Eine schöne braune Sauce, die hervorragend zu Braten oder auch zu dampfgegartem Fleisch schmeckt. Sehr lecker ebenfalls über Kartoffeln.

Kichererbsenbällchen

		Den Backofen auf 180° vorheizen.
1	**Knoblauchzehe**	
1	**Zwiebel (mittelgroß)**	
2 EL	**Petersilie**	
2 EL	**Kreuzkümmel**	
evtl. 1 kl	**Chilischote (getrocknet)**	
evtl. etw	**Koriander (frisch)**	in den Mixtopf geben und 5 Sekunden / Stufe 5 zerkleinern.
1 Do	**Kichererbsen (abgetropft, 400 g)**	
2 Schei	**Vollkornbrot (in groben Stücken)**	
1	**Ei**	zugeben und alles 20 Sekunden / Stufe 5 zu einer homogenen Masse vermengen. Mit nassen Händen kleine Bällchen formen (ca. 1½ EL pro Stück) und diese auf ein mit Backpapier ausgelegtes Backblech legen. Bei 180° im vorgeheizten Backofen ca. 30 Minuten backen.

Anmerkung:

- Die Bällchen sind nicht nur sehr lecker, sondern auch kalorienarm!

Serviervorschlag:

- Mit einem leckeren Dipp servieren. Leckere Rezepte finden Sie in unseren anderen Bänden.

Pizzabrötchen

280 g	**Wasser**	
550 g	**Weizenmehl (Type 405)**	
10 g	**Zucker**	
1 TL	**Salz**	
20 g	**Butter**	
10 g	**Hefe (frisch)**	
etw	**Pizzagewürz**	in den Mixtopf geben und 2 Minuten / Teigstufe verkneten. Den Teig umfüllen und abgedeckt mindestens 1 Stunde ruhen lassen. In der Zwischenzeit den Backofen auf 200° vorheizen. Kleine Brötchen formen und bei 200° im vorgeheizten Backofen ca. 15–20 Minuten backen.

Anmerkung:

- Die Pizzabrötchen schmecken am besten warm und sind ideal für die Grillparty oder bei einem Buffet.

Rezeptvariante:

- Mögen Sie gerne Knoblauch? Dann geben Sie doch einfach eine Knoblauchzehe (alternativ Knoblauchgewürz) mit in den Teig. Die Knoblauchzehe vorab 3 Sekunden / Stufe 5 im Mixtopf zerkleinern.

Serviervorschlag:

- Noch warm mit selbstgemachter Butter oder Kräuterbutter servieren. Wie sie selbst Butter herstellen können, erfahren Sie in unserem Band 1. Ein Rezept für leckere Kräuterbutter finden Sie ebenfalls in diesem Band.

Lachsnudeln, überbackene

Den Backofen auf 200° vorheizen.

Vorbereitung

1700 g	**Wasser**	
1½–2 EL	**Gemüsebrühe**	in den Mixtopf geben und 12 Minuten / Dampfgarstufe / Stufe 1 aufkochen.
500 g	**Nudeln (Hartweizen)**	durch die Deckelöffnung geben und ca. 9 Minuten / 100° / Rückwärtsgang / Stufe 1 garen.

In der Zwischenzeit

250 g	**Wildlachsfilet (z.B. TK-Ware)**	in fingerdicke Würfel schneiden, mit
etw	**Salz**	würzen,
etw	**Zitronensaft**	beträufeln und beiseite stellen.

Sauce

Nach Ablauf der Garzeit die Nudeln abgießen, umfüllen und abkühlen lassen.
Den Mixtopf säubern.

1	**Zwiebel**	in den Mixtopf geben und 5 Sekunden / Stufe 5 zerkleinern.
10 g	**Olivenöl**	zufügen und 2½ Minuten / Dampfgarstufe / Stufe 1 anschwitzen.
1 kl St	**Lauch (in dünnen Ringen)**	
200 g	**Sahne**	
200 g	**Milch**	
200 g	**Schmand**	
2 EL	**Gemüsebrühe**	

½ TL	**Salz**	
¼ TL	**Pfeffer**	
½ TL	**Rosmarin**	
½ TL	**Oregano**	
etw	**Muskat**	zugeben und 6 Minuten / 90° / Stufe 2 garen.

Fertigstellung

		Eine Auflaufform mit
etw	**Margarine**..........	einfetten.
		Die Nudeln abwechselnd mit
500 g	**Rahm-Spinat (TK-Ware, portionierbar aufgetaut),**..........	den Lachswürfeln und der Sauce in die Auflaufform schichten. Die letzte Schicht sollte hierbei eine Schicht Nudeln sein.
1 Kugel	**Mozzarella (in Scheiben)**	auf dem Auflauf verteilen und bei 200° im vorgeheizten Backofen ca. 45 Minuten überbacken.

Anmerkung:

- Die Kochzeit der Nudeln richtet sich nach der Sorte. Daher bitte unbedingt die Packungsangabe beachten.

Rezeptvarianten:

- Anstelle von Spinat Brokkoli verwenden.
- Ist gerade Bärlauchzeit? Dann nehmen Sie statt Spinat ca. 10–15 Bärlauchblätter – entweder in feine Streifen geschnitten oder im Mixtopf kurz auf Stufe 6 zerkleinert.
- Nach Geschmack noch 30 g Tomatenmark mit in die Sauce geben.
- Wenn Sie auf Kalorien achten, dann verwenden Sie für die Sauce anstelle von Sahne und Schmand nur Milch. Zum Andicken dann aber etwas Mehl zugeben.

Ofenschnitzel

		Den Backofen auf 200° vorheizen.
5	**Putenschnitzel**	dünn ausklopfen, halbieren und mit
etw	**Pfeffer**	würzen.
		Jede Schnitzelhälfte mit jeweils ½ Scheibe von insgesamt
2½ Schei	**Gouda**	und jeweils 1 Scheibe von insgesamt
5 Schei	**Serrano-Schinken**	belegen, zuklappen und von außen nochmals mit
etw	**Pfeffer**	würzen.
		Die gefüllten Schnitzel in eine gefettete Auflaufform legen und nochmals mit
2½ Schei	**Gouda**	bedecken.

Sauce

150 g	**Wasser**	
200 g	**Sahne**	
½–1 EL	**Gemüsebrühe**	
1 EL	**Kräuter (nach Geschmack)**	
etw	**Salz**	
etw	**Pfeffer**	
etw	**Cayennepfeffer**	
20 g	**Mehl**	in den Mixtopf geben und 5 Minuten / 100° / Stufe 4 aufkochen.

Fertigstellung

Die Sauce über die Schnitzel gießen und auf mittlerer Schiene ca. 25 Minuten bei 200° backen.

In der Zwischenzeit

1500 g	**Wasser (warm)**	
1 TL	**Öl**	
2 EL	**Gemüsebrühe**	in den Mixtopf geben und 12 Minuten / 100° / Stufe 1 aufkochen. Anschließend
500 g	**Spirelli (Hartweizen)**	langsam durch die Deckelöffnung zugeben und weitere ca. 9 Minuten (je nach Packungsangabe) / 90° / Rückwärtsgang / Stufe 1–2 garen. Die Nudeln mit den Ofenschnitzeln in Sauce auf Tellern anrichten und genießen.

Anmerkung:

- Die Kochzeit der Nudeln hängt von der Sorte ab, daher unbedingt die Packungsangabe beachten.

Rezeptvarianten:

- Wer gerne viel Sauce mag, kann die Mengen verdoppeln. Die Kochzeit muss dann entsprechend angepasst werden.
- Statt Serrano-Schinken können Sie auch Koch- oder Krustenschinken verwenden.
- Mögen Sie es herzhaft? Dann bereiten Sie die Sauce doch einfach mit Knoblauch und Zwiebeln zu. Hierzu Knoblauch und Zwiebeln in den Mixtopf geben, 5 Sekunden / Stufe 5 zerkleinern, 20 g Öl zugeben und 2½ Minuten / Dampfgarstufe / Stufe 1 anschwitzen. Die Sauce dann wie o.a. weiter zubereiten.
- Tauschen Sie Gouda durch Edamer, Emmentaler oder anderen Käse aus.
- Soll die Sauce etwas „dunkler" sein? Fügen Sie einfach etwas Zuckercouleur vor dem Aufkochen hinzu.
- Mit Reis oder Kartoffeln statt Nudeln servieren.

Spirellis mit Pesto-Mozzarella-Haube

		Den Backofen auf 200° vorheizen.
1500 g	**Wasser**	
2 EL	**Gemüsebrühe**	in den Mixtopf geben und ca. 12 Minuten / 100° / Stufe 1 aufkochen. Anschließend
250 g	**Spirelli (Hartweizen)**	vorsichtig durch die Deckelöffnung zugeben und weitere 10–12 Minuten (je nach Packungsangabe) / 100° / Rückwärtsgang / Stufe 1 garen. Die Nudeln anschließend abgießen, umfüllen und den Mixtopf säubern.

Sauce

200 g	**Kochschinken (klein geschnitten)**	
10 g	**Olivenöl**	in den Mixtopf geben und 3 Minuten / Dampfgarstufe / Rückwärtsgang / Stufe 1 (ohne MB) dünsten.
225 g	**Spinat (Tiefkühl, portionierbar)**	zugeben und 8 Minuten / 90° / Rückwärtsgang / Stufe 1 mit dünsten.
200 g	**Tomaten (in Stücken, aus der Dose)**	
200 g	**Sahne**	
50 g	**Milch**	
1 EL	**Pecorino / Parmesan (gerieben)**	

1 EL	**Gouda (gerieben)**	
1–1½ EL	**Gemüsebrühe**	
6 Blätter	**Basilikum (klein geschnitten)**	
etw	**Pfeffer**	
etw	**Cayennepfeffer** ...	zufügen und weitere 3 Minuten / 100° / Rückwärtsgang / Stufe 1 kochen.

Fertigstellung

		Die Hälfte der Sauce in eine Auflaufform füllen, die Nudeln darüber geben und mit der restlichen Sauce übergießen.
1 Kugel	**Mozzarella (in Scheiben geschnitten)**	darüber verteilen und
etw	**Pesto**	mit einem Löffel als kleine Häufchen darauf setzen. Den Auflauf ca. 15–20 Minuten bei 200° backen.

Anmerkung:

- Ein Rezept für selbst hergestelltes Pesto finden Sie ebenfalls in diesem Band.

Rezeptvarianten:

- Für eine vegetarische Variante ersetzen Sie einfach den Kochschinken durch Lauch in Ringen, Zucchinistücke, Brokkoli und/oder Paprika (insgesamt 200 g).
- Der Käse kann nach Geschmack variiert werden.

Tomaten, marinierte

100 g	**Tomaten (getrocknet)**	
200 g	**Rotwein**	in den Mixtopf geben, mit
	Wasser	auffüllen, bis die Tomaten gerade bedeckt sind und ca. 10 Minuten / 100° / Rückwärtsgang / Rührstufe aufkochen. (Die Tomaten sollten ca. 1 Minute sprudelnd kochen). Danach die Tomaten noch ca. 5 Minuten im Sud ziehen lassen. Anschließend den Sud abgießen und die Tomaten in ein Schraubglas füllen. Den Mixtopf säubern.
1	**Knoblauchzehe** ...	in den Mixtopf geben und 3 Sekunden / Stufe 5 zerkleinern.
3 EL	**Olivenöl**	
1½ EL	**Balsamico-Essig**	
1 EL	**Honig**	
etw	**Kräuter (nach Geschmack, z.B. Basilikum oder Oregano)**	
1 Pr	**Salz**	
etw	**Pfeffer**	in den Mixtopf geben und 20 Sekunden / Stufe 4 vermischen. Die Marinade über die noch warmen Tomaten geben und mindestens 2 Stunden ziehen lassen.

Anmerkungen:

- Getrocknete Tomaten gibt es mittlerweile in fast jedem gut sortierten Supermarkt. Sie finden sie in der Regel in der Gemüseabteilung oder bei den Bio-Produkten. Achtung! Verwenden Sie keine in Öl eingelegten Tomaten!

- Die marinierten Tomaten sind ca. 2 Wochen haltbar. Beim Verbrauch einfach die gewünschte Menge entnehmen und das Glas direkt wieder gut verschließen.
- Bewahren Sie den Rotweinsud auf und verwenden diesen z.B. zum Ablöschen eines Bratens.
- In einem schön beschrifteten Schraubglas sind die marinierten Tomaten mal ein ganz besonderes Mitbringsel.

<u>Serviervorschlag:</u>

- Sehr lecker einfach nur als Snack, aber auch gewürfelt über Salat oder püriert als Zutat zu einer Sauce oder für einen Brotaufstrich.

Landfrauen-Brot

750 g	**Wasser**	
850 g	**Weizenmehl (Type 1050)**	
150 g	**Roggenmehl (Type 1150)**	
½ Wü	**Hefe**	
20–25 g	**Salz**	in den Mixtopf geben und 3 Minuten / Teigstufe verkneten. Den Teig in eine mit
etw	**Mehl**	bestäubte Schüssel umfüllen und abgedeckt ca. 3 Stunden gehen lassen. In der Zwischenzeit den Backofen auf 250° vorheizen. Den Teig auf einer bemehlten Arbeitsfläche zu einem Bauernbrot formen, mit
etw	**Wasser**	besprühen, einschneiden und im vorgeheizten Backofen zunächst 30 Minuten bei 250° backen, dann die Backtemperatur auf 180° reduzieren und das Brot in weiteren 30 Minuten fertig backen. (Klopfprobe machen!)

Anmerkung:

- Dieses Brot eignet sich auch hervorragend zum Backen auf einem Backstein. Bezugsquellen für Backsteine können Sie per Mail über info@wunderkessel.de anfragen. In unserem Austauschforum gibt es mittlerweile sogar schon einen eigenen Bereich rund um das Thema Backsteine.

Rezeptvarianten:

- Die Hälfte des Wassers durch Buttermilch austauschen.

- Noch 1 EL Sauerteig mit verkneten.
- Mehlanteile wie folgt verändern: 250 g Roggenmehl (Type 997), 150 g Haferflocken und 600 g Weizenmehl (Type 405 oder 550)
- Nach Geschmack noch Brotgewürz hinzu geben.
- Probieren Sie mal Brötchen aus dem Teig.

Hexen-Brot

200 g	**Dinkel**	in den Mixtopf geben, 1 Minute / Stufe 10 mahlen und umfüllen. Weitere
200 g	**Dinkel**	in den Mixtopf geben, 1 Minute / Stufe 10 mahlen und ebenfalls umfüllen.
50 g	**Haselnüsse**	in den Mixtopf geben, 30 Sekunden / Stufe 5 mahlen und auch umfüllen.
1	**Apfel (geschält, entkernt, in groben Stücken)**	in den Mixtopf geben und einige Sekunden / Stufe 5 zerkleinern.
100 g	**Weizenmehl (Type 405 oder 550)**	
2 TL	**Salz**	
½ Wü	**Hefe**	
300 g	**Molke**	
100 g	**Wasser**	sowie das gemahlene Getreide und die Haselnüsse zugeben und alles 3 Minuten / Teigstufe verkneten. Den Teig mit nassen Händen in Form bringen, in eine gefettete oder mit Backpapier ausgelegte Kastenform füllen und abgedeckt ca. 30 Minuten gehen lassen. In der Zwischenzeit den Backofen auf 200° vorheizen. Das Brot anschließend ca. 60 Minuten backen.

Anmerkungen:

- Molke ist eine Restflüssigkeit, die bei der Käseherstellung entsteht. Sie besteht zu 94% aus Wasser und zu ca. 4–5% aus Milchzucker. Molke ist nahezu fettfrei und enthält deutlich weniger Eiweiß als Milch. Sie finden Molke im gut sortierten Supermarkt im Kühlregal.
- Das Brot hat eine tolle Struktur und durch die Haselnüsse noch „Biss".

Rezeptvarianten:

- Auch mit aromatisierter Molke (z.B. Apfel) sehr lecker.
- Keine Molke im Haus? Nehmen Sie stattdessen einfach 200 g Buttermilch und insgesamt 200 g Wasser.
- Wenn Sie 100 g Dinkel durch Buchweizen austauschen, bekommt das Brot einen leicht nussigen Geschmack.
- Anstelle von Haselnüssen können Sie auch Walnüsse oder ungesalzene Cashewkerne verwenden.

Kürbiskern-Joghurt-Brot

500 g	**Weizenmehl (Type 1050)**	
100 g	**Roggenmehl (Type 997)**	
½ Wü	**Hefe**	
200 g	**Joghurt (Natur)**	
270 g	**Wasser**	
1 EL	**Essig**	
1 EL	**Kürbiskernöl**	
1 TL	**Salz**	
1 Hd	**Kürbiskerne**	in den Mixtopf geben und 3 Minuten / Teigstufe verkneten. Den Teig ca. 30 Minuten im Mixtopf mit eingesetztem Messbecher gehen lassen. Den Backofen auf 250° vorheizen. Anschließend den Teig in eine gefettete Kastenform geben, die Oberfläche mit
etw	**Wasser**	besprühen und mit
	Kürbiskernen	bestreuen. Bei 250° im vorgeheizten Ofen zunächst 10 Minuten backen. Den Ofen dann auf 200° runter schalten und weitere 30 Minuten fertig backen.

Anmerkungen:

- Dieses Brot eignet sich auch hervorragend zum Backen auf einem Backstein. Bezugsquellen für Backsteine können Sie per Mail über info@wunderkessel.de anfragen. In unserem Austauschforum gibt es mittlerweile sogar schon einen eigenen Bereich rund um das Thema Backsteine.

- Durch den Essig hält sich das Brot länger frisch und bekommt eine besonders würzige Geschmacksnote.

Rezeptvarianten:

- Kürbiskernöl hat ein leckeres, nussiges Aroma. Alternativ können Sie auch ein anderes kaltgepresstes Öl verwenden.
- Joghurt lässt sich auch durch Schmand austauschen.
- Kürbiskerne können Sie durch Sonnenblumenkerne oder andere Saaten ersetzen.
- Die Hälfte des Wassers durch Buttermilch austauschen.

Vollwert-Dinkel-Möhren-Brot (mit Sauerteig)

250 g	**Dinkel**	
50 g	**Roggen**	in den Mixtopf geben, 1 Minute / Stufe 10 mahlen und umfüllen.
200 g	**Möhren (in groben Stücken)**	in den Mixtopf geben und 3 Sekunden / Stufe 5 zerkleinern.
3 TL	**Salz**	
250 g	**Sauerteig (selbst hergestellt)**	
350 g	**Weizenmehl (Type 405)**	
2 TL	**Backmalz**	
40 g	**Mohn**	
40 g	**Sonnenblumenkerne**	
250 g	**Wasser**	sowie das gemahlene Getreide zugeben, kurz auf Stufe 4–5 vermischen und dann 5 Minuten / Teigstufe kneten. Den Teig auf einer bemehlten Arbeitsfläche zu einem Brot wirken und im gut bemehlten Gärkörbchen (Teigschluss nach unten) ca. 3 Stunden gehen lassen, bis sich das Volumen deutlich vergrößert hat. In der Zwischenzeit den Backofen auf 240° Ober-/Unterhitze vorheizen. Anschließend auf ein mit Backpapier ausgelegtes Backblech stürzen, schräg einschneiden, mit
etw	**Wasser**	einsprühen und zunächst bei 240° im vorgeheizten Backofen 20 Minuten backen. Dann die Backtemperatur auf 190° reduzieren und das Brot

in weiteren 40 Minuten fertig backen.

Anmerkungen:

- Durch den leicht nussigen Geschmack von Mohn bekommt das Brot den gewissen „Kick" und macht optisch auch etwas her.
- Backmalz verleiht den Brot und Brötchen den besonderen Geschmack. Sie erhalten Backmalz in jeder gut sortierten Mühle oder auch beim Bäcker. Es wird meist aus Gerste und Weizen hergestellt. Durch den Zusatz von Backmalz werden der Hefe leicht verwertbare Nährstoffe zur Verfügung gestellt, die die Gärung beschleunigen, den Teig schön elastisch und dehnbar machen und ihm eine tolle Kruste verleihen. Backmalz lässt sich auch einfach selbst herstellen. Im Bereich „Service" unseres Shops unter www.wunderkessel-kochbuch.de haben wir für Sie eine entsprechende Anleitung eingestellt.
- Wie Sie Sauerteig einfach selbst herstellen können, haben wir im Bereich „Service" unseres Shops unter www.wunderkessel-kochbuch.de für Sie in einer entsprechenden Anleitung eingestellt.
- Dieses Brot eignet sich auch hervorragend zum Backen auf einem Backstein. Bezugsquellen für Backsteine können Sie per Mail über info@wunderkessel.de anfragen. In unserem Austauschforum gibt es mittlerweile sogar schon einen eigenen Bereich rund um das Thema Backsteine.

Rezeptvariante:

- Haben Sie es eilig? Durch die Zugabe von ½ Würfel Hefe können Sie die Gehzeit verkürzen.

Sopa Paraguaya – Maisbrot aus Paraguay

		Den Backofen auf 175° vorheizen.
200 g	**Käse (z.B. Gouda)**	in groben Stücken in den Mixtopf geben, 10 Sekunden / Stufe 5 zerkleinern und umfüllen.
2	**Zwiebeln**	
2 Do	**Mais (abgetropft)**	in den Mixtopf geben und 15 Sekunden / Stufe 5 zerkleinern.
70 g	**Weizenmehl (Type 405 oder 550)**	
1 TL	**Backpulver**	
300 g	**Sahne**	
4	**Eier**	
etw	**Salz**	sowie den zerkleinerten Käse zugeben und 2 Minuten / Stufe 3 vermengen. Den Teig auf ein mit Backpapier ausgelegtes Backblech streichen und ca. 30 Minuten bei 175° goldbraun backen.

Anmerkungen:

- Der Teig reicht für 1 Blech.
- Die Masse sollte cremig (nicht flüssig!) sein, gegebenenfalls noch etwas Mehl zugeben.

Serviervorschläge:

- Sopa kann sowohl warm als auch kalt gegessen werden.
- Das Maisbrot beim Grillen, zum Buffet, zu Salat oder auch als Beilage zu Suppe reichen.

Kaiser-Brötchen

150 g	**Milch**	
100 g	**Wasser**	
1 TL	**Butter**	
1½ TL	**Salz**	
1 TL	**Zucker**	in den Mixtopf geben und 2 Minuten / 37° / Stufe 1 erwärmen.
500 g	**Weizenmehl (Type 405 oder 550)**	
1 Wü	**Hefe**	
50 g	**Wasser**	zugeben und 3 Minuten / Teigstufe kneten. Den Teig im Mixtopf 45 Minuten gehen lassen und anschließend weitere 10 Sekunden / Teigstufe verkneten. Aus dem Teig 12 Brötchen formen, auf ein mit Backpapier ausgelegtes Backblech legen und abgedeckt 30 Minuten ruhen lassen. In der Zwischenzeit den Backofen auf 200° vorheizen. Die Teiglinge kreuzweise einschneiden, mit
	Wasser	besprühen und bei 200° im vorgeheizten Backofen ca. 20 Minuten backen.

Anmerkung:

- Mit diesen leckeren Brötchen können Sie Ihrem Bäcker echte Konkurrenz machen!

Körnerstangen, knusprige

120 g	**Weizen**	
80 g	**Roggen**	in den Mixtopf geben und 15 Sekunden / Stufe 10 fein mahlen.
200 g	**Weizenmehl (Type 1050)**	
150 g	**Roggen-Vollkornmehl**	
40 g	**Weizenkleie**	
1 Wü	**Hefe**	
1 TL	**Sauerteigextrakt**	
1 TL	**Brotgewürz**	
1 TL	**Salz**	
1 TL	**Zucker**	
1 TL	**Backpulver**	zugeben und weitere 5 Sekunden / Stufe 4–5 vermischen.
450 g	**Wasser (lauwarm)**	einwiegen und 3 Minuten / Teigstufe verkneten. Den Teig in eine Schüssel umfüllen und abgedeckt ca. 1½ Stunden gehen lassen. Den Teig in ca. 12–14 Teile aufteilen, mit nassen Händen zu Stangen formen, mit
etw	**Wasser**	besprühen, schräg einschneiden, in
	Saaten (nach Wahl)	wälzen und auf ein mit Backpapier ausgelegtes Backblech legen. Weitere 30 Minuten ruhen lassen. In der Zwischenzeit den Backofen auf 200° vorheizen. Anschließend die Stangen auf mittlerer Schiene ca. 25 Minuten backen.

Anmerkungen:

- Weizenkleie bekommen sie im Reformhaus. Sie können diese aber auch einfach selbst herstellen. Eine Anleitung hierzu haben wir im Bereich „Service“ unseres Shops unter www.wunderkessel-kochbuch.de für Sie eingestellt.
- Wie Sie selbst Backpulver ohne „fieses Zungenkribbeln“ herstellen können, haben wir im Bereich „Service“ unseres Shops unter www.wunderkessel-kochbuch.de für Sie in einer entsprechenden Anleitung eingestellt.
- Die Stangen lassen sich auch wunderbar auf einem Backstein backen. Bezugsquellen für Backsteine können Sie bei uns per Mail über info@wunderkessel.de anfragen. In unserem Austauschforum gibt es mittlerweile sogar schon einen eigenen Bereich rund um das Thema Backsteine.

Rezeptvarianten:

- Je 1 EL Sesam, Leinsamen und Sonnenblumenkerne mitkneten.
- Anstelle von Weizenkleie einfach 40 g Weizenkörner mehr verarbeiten.
- Anstelle von Sauerteigextrakt einfach selbstgemachten Sauerteig verwenden. Wie Sie Sauerteig einfach selbst herstellen können, haben wir im Bereich „Service“ unseres Shops unter www.wunderkessel-kochbuch.de für Sie in einer entsprechenden Anleitung eingestellt.

Maurersemmeln

Am Vortag

80 g	**Kartoffeln (gekocht)**	in den Mixtopf geben und kurz auf Stufe 4 zerkleinern.
150 g	**Roggenmehl (Type 997 oder 1150)**	
350 g	**Weizenmehl (Type 405 oder 550)**	
½ Wü	**Hefe**	
2 TL	**Salz**	
300 g	**Wasser (kalt)**	zugeben, 2 ½ Minuten / Teigstufe kneten und umfüllen. Den Teig über Nacht im Kühlschrank gehen lassen.

Fertigstellung

		Den Teig auf eine gut bemehlte Arbeitsplatte legen, mit
etw	**Mehl**	bestäuben und in eine längliche Form bringen. Der Teig sollte rundherum bemehlt sein und einen etwa 25–30 cm langen Strang ergeben. Mit einer Teigkarte ca. 4 cm große Stücke „abstechen“ und nicht weiter formen, sondern einfach nur etwas in die Länge ziehen. Mit der „Schnittkante“ auf ein mit Backpapier ausgelegtes Backblech legen und ca. 30 Minuten ruhen lassen.

In der Zwischenzeit den Backofen auf 200° vorheizen.

Die Semmeln ca. 25 Minuten backen.

Anmerkungen:

- Der Teig ist relativ weich.
- Diese rustikalen Brötchen sind ideal zur Vorbereitung für das Sonntagsfrühstück.

Rezeptvariante:

- Ein ideales Rezept zur Resteverwertung von selbstgemachtem Kartoffelpüree anstelle von Kartoffeln. Ein äußerst leckeres Rezept für Kartoffelpüree finden Sie übrigens in unserem Band 1.

Korn-Krustis

20 g	**Sonnenblumenkerne**	
20 g	**Leinsamen**	
20 g	**Haferflocken (kernig)**	in eine Schüssel wiegen, mit
60 g	**Wasser (heiß)**	übergießen.
1 TL	**Zuckerrübensirup (oder Honig)**	unterrühren und alles ca. 1 Stunde quellen lassen.
200 g	**Dinkel**	in den Mixtopf geben und 1 Minute / Stufe 10 mahlen.
20 g	**Backmalz**	
300 g	**Weizenmehl (Type 550)**	
1½ TL	**Salz**	
1 Pr	**Zucker**	
1 TL	**Butter**	
½ Wü	**Hefe**	
160 g	**Milch**	
120 g	**Wasser**	sowie die eingeweichten Saaten zugeben und alles 3 Minuten / Teigstufe miteinander verkneten. Den Teig im Mixtopf ca. 45 Minuten gehen lassen. Anschließend ca. 40–50 g schwere Teigstücke (insgesamt ca. 20–24 Stück) abnehmen, diese jeweils von allen Seiten mit
etw	**Mehl**	gut bemehlen und 15 Minuten ruhen lassen. Danach jeweils 2 Teigstücke übereinander legen und glatt drücken. Die beiden äußeren Seiten jeweils in die Mitte schlagen, fest andrücken und anschließend fest aufrollen, so

		dass unten ein noch offener Schlitz entsteht.
		Mit dieser Seite auf ein bemehltes Küchentuch legen und zugedeckt nochmal ca. 45 Minuten gehen lassen.
		In der Zwischenzeit den Backofen auf 220° Ober-/Unterhitze vorheizen.
		Die Krustis mit der offenen Seite nach oben auf ein mit Backpapier ausgelegtes Backblech legen und dieses auf der 2. Schiene von unten in den Ofen schieben.
1 Ta	**Wasser**	auf den Herdboden schütten und die Backofentür sofort schließen.
		Die Brötchen zunächst 25 Minuten bei Ober-/Unterhitze und weitere 5 Minuten bei 200° Heißluft backen.

Anmerkungen:

- Das Wasser im Backofen erzeugt Dampf, der die Brötchen schön knusprig werden lässt.
- Backmalz verleiht den Brötchen den besonderen Geschmack. Sie erhalten Backmalz in jeder gut sortierten Mühle oder auch beim Bäcker. Es wird meist aus Gerste und Weizen hergestellt. Durch den Zusatz von Backmalz werden der Hefe leicht verwertbare Nährstoffe zur Verfügung gestellt, die die Gärung beschleunigen, den Teig schön elastisch und dehnbar machen und ihm eine tolle Kruste verleihen. Backmalz lässt sich auch einfach selbst herstellen. Im Bereich „Service" unseres Shops unter www.wunderkessel-kochbuch.de haben wir für Sie eine entsprechende Anleitung eingestellt.

Laugengebäck

Am Vortag

300 g	**Weizenmehl (Type 405 oder 550)**	
300 g	**Weizenmehl (Type 1050)**	
60 g	**Baguette-backmittel**	
1–2 TL	**Salz**	in den Mixtopf geben und kurz auf Stufe 5 vermischen.
330 g	**Wasser (kalt)**	
20 g	**Butter (Zimmer-temperatur)**	
½ Wü	**Hefe**	zugeben und 2 Minuten / Teigstufe kneten. Den Teig über Nacht gehen lassen.

Lauge

1000 g	**Wasser**	in den Mixtopf geben und in ca. 10 Minuten / 100° / Stufe 1 aufkochen. Das Wasser in einen hohen Topf umfüllen,
35 g	**Natron**	vorsichtig (Achtung! Es sprudelt!) unterrühren und die Lauge etwas abkühlen lassen.

Fertigstellung

Aus dem Teig nach Belieben Brezeln, Brötchen, Stangen oder Ba-

guettes formen und diese nochmal 20 Minuten gehen lassen.
In der Zwischenzeit den Backofen auf 200° vorheizen.
Die Lauge auf dem Herd nochmals aufkochen.
Die Gebäckstücke nacheinander mit Hilfe einer Schaumkelle ca. 20 Sekunden in die heiße Lauge tauchen (alternativ den Teig mit der Lauge einpinseln), auf ein mit Backpapier ausgelegtes Backblech legen, gegebenenfalls einschneiden und bei 200° im vorgeheizten Ofen ca. 20 Minuten abbacken.

Anmerkungen:

- Baguettebackmittel enthält u.a. getrockneten Weizensauerteig und sorgt für eine besonders knusprige Kruste. Sie bekommen Baguettebackmittel in der gut sortierten Mühle, können alternativ aber auch einfach etwas Sauerteigpulver mit in den Teig geben.
- Die Intensität des typischen Laugengeschmacks hängt davon ab, wie lange Sie den Teig in der Lauge lassen. Probieren Sie einfach aus, welche Laugenzeit Ihrem Geschmack entspricht.
- Wenn Sie Backpapier verwenden, sollten Sie das Laugengebäck nach dem Backen direkt vom Papier nehmen, weil es sich später nur noch schwer lösen lässt.

Rezeptvarianten:

- Schnelle Variante: Verwenden Sie warmes Wasser und lassen Sie den Teig ca. 1 Stunde gehen. Sie können ihn danach direkt weiterverarbeiten.
- Das Laugengebäck nach dem „Laugen“ nach Lust und Laune mit Salz, Saaten oder auch Käse bestreuen.

Körnerbrötchen

500 g	**Buttermilch**	
1 EL	**Honig (flüssig)**	
1½ Wü	**Hefe**	
600 g	**Vollkorn-Dinkelmehl**	
1 EL	**Salz**	
2 EL	**Öl**	
270 g	**Saaten (nach Wahl)**	in den Mixtopf geben und 2 Minuten / Teigstufe verkneten. Den Teig in eine Schüssel umfüllen und abgedeckt ca. 45 Minuten gehen lassen. In der Zwischenzeit den Backofen auf 200° vorheizen. Aus dem Teig ca. 14 Brötchen formen, mit
ca. 30 g	**Saaten (nach Wahl)**	bestreuen und einschneiden. Bei 200° im vorgeheizten Backofen in ca. 20–25 Minuten backen.

Anmerkungen:

- Der Teig kann auch prima am Vortag zubereitet werden.
- Verwenden Sie Saaten nach Wahl, z.B. Sonnenblumen- oder Kürbiskerne, Leinsamen, Sesam, Mohn, etc.

Kräuterbutter

1	**Knoblauchzehe**	
1	**Zwiebel**	in den Mixtopf geben und 5 Sekunden / Stufe 5 zerkleinern.
1 Hd	**Petersilie**	
etw	**Dill**	
etw	**Rosmarin**	
etw	**Schnittlauch (in Röllchen)**	
1 TL	**Salz**	
1 Pr	**Pfeffer**	zugeben und 5 Sekunden / Stufe 8 zerkleinern.
250 g	**Butter (Zimmertemperatur, in Stücken)**	zufügen und alles 10 Sekunden / Stufe 5 vermischen.

Anmerkung:

- Noch leckerer wird's mit selbstgemachter Butter. Ein Rezept hierfür finden Sie in unserem Band 1.

Rezeptvariante:

- Anstelle von frischen Kräutern können Sie auch auf tiefgekühlte Kräutermischungen zurückgreifen.

Serviervorschlag:

- Mit frischem Baguette oder zu Pizzabrötchen genießen. Ein leckeres Baguetterezept finden Sie in unserem Band 2. Das Rezept für Pizzabrötchen finden Sie ebenfalls in dem hier vorliegenden Band.

Erdnusscrème

120 g	**Erdnüsse (gesalzen)**	in den Mixtopf geben, 10 Sekunden / Stufe 10 fein mahlen und umfüllen.
1	**Zwiebel (klein)**	in den Mixtopf geben und 3 Sekunden / Stufe 5 zerkleinern.
60 g	**Butter (Zimmertemperatur)**	
1 TL	**Koriander**	
2 TL	**Curry**	
etw	**Pfeffer**	sowie die gemahlenen Erdnüsse zugeben und alles 8 Sekunden / Stufe 5 verrühren.

Anmerkungen:

- Koriander gibt dem Aufstrich eine leicht orientalische Note.
- Im Kühlschrank ca. 1 Woche haltbar.

Rezeptvariante:

- Verfeinern Sie die Crème noch mit einem Klecks Schmand oder Crème fraîche.

Tomaten-Mozzarella-Aufstrich

1 Kugel	**Mozzarella**	
20 g	**Tomatenmark**	
3 Blätter	**Basilikum (frisch)**	
1 Pr	**Salz**	
1 Pr	**Pfeffer**	in den Mixtopf geben und 20 Sekunden / Stufe 4 vermischen.

Rezeptvarianten:

- Kein frisches Basilikum im Haus? Greifen Sie auf tiefgefrorenes Basilikum zurück oder probieren Sie mal Tomatenmark, das bereits mit Basilikum verfeinert ist.
- Nach Geschmack noch Balsamico-Essig zufügen.

Schoko-Dampfnudeln

100 g	**Milch**	
30 g	**Butter**	
½ Würfel	**Hefe**	
10 g	**Zucker**	in den Mixtopf geben und 2 Minuten / 37° / Stufe 2 erwärmen.
300 g	**Mehl (Type 405 oder 550)**	
1	**Ei**	
½ TL	**Salz**	zugeben und 1½ Minuten / Teigstufe verkneten. Aus dem Teig ca. 8 Bällchen formen mit
4 Riegel	**Schokolade (jew ½ Riegel)**	füllen. Den Garaufsatz mit einem feuchten oder leicht bemehlten dünnen Geschirrtuch auslegen, die Dampfnudeln hinein geben und den Deckel auflegen. Den Mixtopf säubern.
500 g	**Wasser**	in den Mixtopf geben, diesen verschließen, den Garaufsatz aufsetzen und 20 Minuten / Dampfgarstufe / Stufe 1 garen.

Anmerkungen:

- Der Hefeteig muss nicht gehen!
- Das Geschirrtuch darf ruhig über den Garaufsatzrand hinausragen. Den Deckel trotzdem einfach aufsetzen.

Rezeptvarianten:

- Anstelle von Schokoriegeln können Sie auch je 1 EL Schokocrème in den Hefeteig füllen.

- Ohne Geschirrtuch: Garaufsatz inkl. Deckel (die Knödel gehen auf!) einfetten. Als „Platzhalter" einen kleinen Trichter o.ä. einsetzen, damit genügend Dampf durchdringen kann.

Serviervorschläge:

- Warm mit Vanillesauce oder zerlassender Butter genießen. Ein tolles Rezept für Vanillesauce finden Sie u.a. in unserem Band 3.
- Auch sehr lecker: 50 g Mohn und 25 g Zucker ca. 1 Minute / Stufe 10 mahlen, über die heißen Knödel geben und mit zerlassener Butter beträufeln. (Probieren Sie hier auch mal eine Pflaumenmusfüllung statt Schokolade!)

Kirchweih-Waffeln

130 g	**Margarine**	
60 g	**Zucker**	
4	**Eier**	
2 Pck	**Puddingpulver (Vanille)**	
250 g	**Weizenmehl (Type 405)**	
1 TL	**Backpulver**	
250 g	**Milch**	in den Mixtopf geben und 2 Minuten / Stufe 5 verrühren. Den Teig portionsweise im Waffeleisen goldbraun backen und mit
	Puderzucker	bestäuben.

Rezeptvarianten:

- Geben Sie einen Schuss Eierlikör mit in den Teig. Lecker!
- Probieren Sie statt Vanille-Puddingpulver einfach mal Schokoladen- oder Karamell-Puddingpulver aus.
- Wie wäre es mit Marmorwaffeln? Bereiten Sie hierzu den Teig zweimal zu – einmal mit Vanille-Puddingpulver und einmal mit Schokoladen-Puddingpulver. Dann je einen Klecks zusammen in das Waffeleisen geben. Sieht toll aus und schmeckt zudem auch sehr lecker.

Serviervorschlag:

- Mit heißen Kirschen und Sahne servieren.

Zauberkugeln, himmlische

50 g	**Zwieback (in Stücken)**	in den Mixtopf geben, kurz auf Stufe 10 zerkleinern und umfüllen.
6 EL	**Mandeln**	in den Mixtopf geben, kurz auf Stufe 6 hacken und ebenfalls umfüllen.
200 g	**Schokolade (weiß, in groben Stücken)**	in den Mixtopf geben und kurz auf Stufe 7–8 zerkleinern.
80 g	**Butter (in Stücken)**	
2 EL	**Sahne**	zugeben, 4 Minuten / 50° / Stufe 2 erwärmen und anschließend kurz abkühlen lassen.
8 EL	**Milch**	über den zerkleinerten Zwieback träufeln, mit den gehackten Mandeln vermengen, ebenfalls in den Mixtopf geben und auf Rückwärtsgang / Stufe 2 unterrühren. Die Masse umfüllen und für ca. 1 Stunde kalt stellen. Aus der erkalteten Masse kleine Kugeln formen, diese in
6 EL	**Kokosflocken**	wälzen und wieder kalt stellen.

Serviervorschlag:

- Die fertigen Kugeln in kleine Pralinenförmchen füllen.

Apfel auf Vanille-Kuchen, versunkener

Den Backofen auf 200° vorheizen.

Mürbeteig

100 g	**Butter (Zimmer-temperatur)**	
50 g	**Zucker**	
1	**Eigelb**	
150 g	**Weizenmehl (Type 405 oder 550)**	
1 Pr	**Salz**	in den Mixtopf geben und 3 Minuten / Teigstufe verkneten. Den Teig in eine gefettete Springform geben, den Rand etwas hochziehen und bei 200° im vorgeheizten Backofen 10 Minuten vorbacken. Den Mixtopf reinigen.

Vanillesauce

Den Rühraufsatz einsetzen!

1000 g	**Milch**	
2	**Ei**	
80 g	**Zucker**	
40 g	**Speisestärke**	
2	**Vanilleschoten (davon das Mark)**	in den Mixtopf geben und 10 Minuten / 100° / Stufe 3 aufkochen. Die Sauce etwas abkühlen lassen.

In der Zwischenzeit

1 kg	**Äpfel (säuerlich)**	schälen, vierteln und anschließend fächerartig einschneiden (nicht durchschneiden!) und mit
etw	**Zitronensaft**	beträufeln.

Fertigstellung

		Die Vanillesauce auf den vorgebackenen Boden geben, die Äpfel mit der gefächerten Seite nach oben gleichmäßig darauf verteilen und mit
30 g	**Zucker (braun)**	sowie
kl	**Butterflöckchen**	bestreuen. Den Kuchen bei 200° weitere 40 Minuten fertig backen.

Anmerkungen:

- Die Kombination aus säuerlichen Äpfeln und süßer Vanillesauce gibt diesem Kuchen den gewissen „Kick“.
- Die Vanillesauce ist übrigens aus unserem Band 3. Wir finden, dass sie hervorragend zu diesem Kuchen passt.

Rezeptvariante:

- Wer es fettärmer mag, kann beim Mürbeteig die Butter durch Halbfettbutter oder –margarine ersetzen.

Serviervorschlag:

- Den abgekühlten Kuchen mit Puderzucker bestreuen und/oder einem Klecks Sahne servieren.

Bananentorte, schnelle und leckere

Boden

		Den Backofen auf 180° vorheizen.
4	**Eier**	
135 g	**Zucker**	
100 g	**Sonnenblumenöl**	
100 g	**Weizenmehl (Type 405 oder 550)**	
½ Pck	**Backpulver**	in den Mixtopf geben und 1½ Minuten / Stufe 4 verrühren. Den Teig in eine gefettete Springform geben und bei 180° im vorgeheizten Backofen ca. 20–25 Minuten backen. Den Boden abkühlen lassen. Den Mixtopf säubern.

Belag

5	**Bananen**	schälen, längs halbieren und auf dem Boden verteilen.

Guss

200 g	**Schokolade (Zartbitter, in Stücken)**	in den Mixtopf geben und 8 Sekunden / Stufe 8 zerkleinern.
200 g	**Milch**	
¼ TL	**Johannisbrotkernmehl**	zugeben, 4 Minuten / 80° / Stufe 1 schmelzen, über die Bananen geben und anschließend zum Abkühlen in den Kühlschrank stellen.

Anmerkungen:

- Der Teig ist ziemlich flüssig.
- Wie Sie selbst Backpulver ohne „fieses Zungenkribbeln" herstellen können, haben wir im Bereich „Service" unseres Shops unter www.wunderkessel-kochbuch.de für Sie in einer entsprechenden Anleitung eingestellt.
- Johannisbrotkernmehl gibt es mittlerweile in jedem gut sortierten Supermarkt – meist zu finden bei den Bio-Produkten.
- Der Schokoladenguss wird erst beim Abkühlen im Kühlschrank richtig fest.

Rezeptvarianten:

- Statt Schokoguss können Sie den Kuchen auch mit Schokoladenpudding servieren.
- Bananen durch gut abgetropfte Kirschen austauschen.
- Möchten Sie den Guss lieber auf herkömmliche Art zubereiten? Geben Sie hierzu 500 g Wasser und 2 Pck Tortenguss in den Mixtopf und kochen dieses ca. 5 Minuten / 100° / Stufe 3 auf. Anschließend 200 g Schokolade (in Stücken) zugeben und weitere 4 Minuten / 80° / Stufe 1 schmelzen.

Serviervorschläge:

- 400 g Sahne aufschlagen und auf dem Schokoguss verteilen. Eventuell noch mit Schokostreuseln verzieren.
- Etwas Vanillepudding über den Schokoguss geben.

Erdbeertorte

Biskuit

		Den Backofen auf 180° vorheizen. ***Den Rühraufsatz einsetzen!***
4	**Eiweiß**	in den fettfreien Mixtopf geben und 3 Minuten / 50° / Stufe 3 steif schlagen.
200 g	**Zucker**	
5 g	**Vanillezucker (selbstgemacht)**	
4	**Eigelb**	zugeben und 1 Minute / Stufe 2 verrühren. ***Den Rühraufsatz entfernen!***
100 g	**Weizenmehl (Type 405)**	
100 g	**Speisestärke**	
½ Pck	**Backpulver**	zufügen und 1 Minute / Stufe 1–2 unterrühren. Den Teig in eine gefettete Springform füllen und bei 180° im vorgeheizten Backofen ca. 30–40 Minuten backen. Den Boden anschließend gut auskühlen lassen. Den Mixtopf säubern.

Belag

500 g	**Erdbeeren**	waschen, halbieren und auf dem erkalteten Biskuitboden verteilen. (Für die spätere Tortendekoration ein paar Erdbeeren zurückbehalten.)

Guss

250 g	**Wasser**	
1 Pck	**Tortenguss (rot)**	
30 g	**Zucker**	in den Mixtopf geben, 5 Minuten / 100° / Stufe 2 aufkochen, über die Erdbeeren geben und abkühlen lassen.

Sahne-Quark-Masse

2 Stangen	**Giotto-Kugeln**	in den Mixtopf geben, kurz auf Stufe 5 zerkleinern und umfüllen. Den Mixtopf gut säubern.
200 g	**Sahne (gut gekühlt)**	
1 Pck	**Sahnesteif**	in den Mixtopf geben, ca. 25 Sekunden / Stufe 10 steif schlagen.
500 g	**Magerquark**	sowie die zerkleinerten Kugeln zugeben und 8 Sekunden / Stufe 4 vermischen. Die Sahne-Quark-Masse über die Erdbeeren geben, mit den restlichen Erdbeeren verzieren und die Torte kalt stellen.

Anmerkungen:

- Sahne schlagen ohne Rühraufsatz? Ja, es funktioniert! Probieren Sie es aus!
- Vanillezucker können Sie einfach selbst herstellen. Ein Rezept finden Sie in unserem Band 1.
- Wie Sie Tortenguss „ohne Tüte" herstellen, erfahren Sie ebenfalls in diesem Band.

Rezeptvarianten:

- Selbstgemachten Vanillezucker können Sie auch durch ½ Pck gekauften Vanillezucker ersetzen.

- Anstelle von Giotto können Sie z.B. auch 15 Stück Raffaello verwenden.
- Variieren Sie in der Obstsorte und probieren Sie diese leckere Torte auch mal mit Kirschen. Diese sollten Sie allerdings vor dem Belegen gut abtropfen lassen. Von dem dabei aufgefangenen Saft können Sie ein paar EL mit in die Sahne-Quarkmasse geben. Das ergibt einen tollen Farbkontrast. Natürlich können Sie den Saft auch für den Guss verwenden.
- Statt roten können Sie auch klaren Tortenguss verwenden. Roter Tortenguss dient nur dem hübschen Farbeffekt.

Blechkuchen, schneller – für jegliches Obst

Den Backofen auf 160° vorheizen.

Boden

150 g	**Mandeln**	in den Mixtopf geben, 20 Sekunden / Stufe 8 mahlen und umfüllen. Den Mixtopf säubern. ***Den Rühraufsatz einsetzen!***
180 g	**Margarine (Zimmertemperatur)**	
180 g	**Zucker**	
1 Pck	**Vanillezucker**	in den Mixtopf geben und 3 Minuten / Stufe 3–4 schaumig schlagen.
4	**Eier**	nach und nach bei laufendem Messer auf Stufe 3 durch die Deckelöffnung zugeben. ***Den Rühraufsatz entfernen!***
350 g	**Weizenmehl (Type 405 oder 550)**	
1 Pck	**Backpulver**	sowie die gemahlenen Mandeln zugeben und 20 Sekunden / Stufe 5 unterheben. Den Teig auf ein mit Backpapier ausgelegtes Backblech streichen. Den Mixtopf gründlich säubern – er muss fettfrei sein.

Belag

		In einer Schüssel
500 g	**Obst (nach Wahl, z.B. Johannisbeeren)**	mit

1 EL	**Weizenmehl (Type 405)**	vermischen und gleichmäßig auf dem Teig verteilen.

Guss

		Den Rühraufsatz einsetzen!
2	**Eiweiß**	in den fettfreien Mixtopf geben, 3 Minuten / 50° / Stufe 3 steif schlagen und umfüllen.
200 g	**Schmand**	
30 g	**Zucker**	
2	**Eigelb**	in den Mixtopf geben und 15 Sekunden / Stufe 3 verrühren. Das geschlagene Eiweiß zugeben und nochmals kurz auf Stufe 3 vermengen. Den Guss auf das Obst streichen, den Kuchen auf mittlerer Schiene in den Backofen schieben und bei 160° ca. 40 Minuten goldbraun backen.

Anmerkungen:

- Dieser Kuchen ist kinderleicht herzustellen und trotzdem raffiniert.
- Der Boden ist herrlich locker und saftig.
- Vanillezucker können Sie auch einfach selbst herstellen. Ein Rezept finden Sie in unserem Band 1.
- Keine Angst vor dem Eiweißschlagen! Mit der o.a. Methode funktioniert es ganz bestimmt. Wichtig ist, dass der Mixtopf vorher gründlich mit Spülmittel gereinigt wurde und absolut fettfrei ist.

Rezeptvarianten:

- Dieser tolle Boden kann mit Obst nach Lust, Laune und Jahreszeit belegt werden.
- Geben Sie zur Winterzeit einfach mal eine Prise Zimt mit in den Teig.

- Pflaumenzeit? Dann sollten Sie diesen Boden unbedingt mal mit Pflaumen belegen.

Serviervorschlag:

- Abkühlen lassen und mit Puderzucker bestreuen. Mit einem Klecks Sahne ein Genuss! (Sahne schlagen funktioniert übrigens wunderbar auch ohne den Rühraufsatz! Einfach einen Becher kalte Sahne in den Mixtopf geben und ca. 20 Sekunden / Stufe 10 steif schlagen. Probieren Sie es aus!)

Rotkäppchentorte

		Den Backofen auf 180° vorheizen.
100 g	**Margarine**	
150 g	**Zucker**	
3	**Eier**	
200 g	**Weizenmehl (Type 405)**	
1 Pck	**Vanillezucker**	
1 Pck	**Backpulver**	
100 g	**Milch**	in den Mixtopf geben und 20 Sekunden / Stufe 3 verrühren. Die Hälfte des Teiges in eine gefettete Springform umfüllen. Zum restlichen Teig
2 EL	**Schokoladenaufstrich**	zugeben, 10 Sekunden / Stufe 3 unterrühren und über den hellen Teig ebenfalls in die Springform füllen.
1 Gl	**Kirschen (abgetropft, Saft auffangen für den Guss!)**	gleichmäßig auf dem Teig verteilen. Bei 180° im vorgeheizten Backofen ca. 40 Minuten backen und anschließend auskühlen lassen. Für die Crème
400 g	**Sahne**	
3 Pck	**Sahnesteif**	
2 Pck	**Vanillezucker**	
20 g	**Zucker**	in den Mixtopf geben und 30 Sekunden / Stufe 10 schlagen. ***Den Rühraufsatz einsetzen!***
500 g	**Magerquark**	zugeben und 10 Sekunden / Stufe 3 unterrühren. Den Sahnequark gleichmäßig auf dem kalten Tortenboden verteilen.

		Den Mixtopf reinigen und ***den Rühraufsatz wieder einsetzen!***
		Für den Guss
250 g	**Kirschsaft**	
20 g	**Zucker**	
1 Pck	**Tortenguss**	in den Mixtopf geben, 10 Sekunden / Stufe 3 verrühren und anschließend 3½ Minuten / 100° / Stufe 3 aufkochen. Den noch heißen, flüssigen Guss zügig auf der Torte verteilen und erkalten lassen.

Anmerkungen:

- Vanillezucker können Sie einfach selbst herstellen. Ein passendes Rezept finden Sie u.a. in unserem Band 1.
- Auch Schokoladenaufstrich lässt sich einfach zubereiten. In unserem Band 2 finden Sie ein entsprechendes Rezept.

Fondant au Chocolat

		Den Backofen auf 200° vorheizen.
125 g	**Schokolade (Bitter, Kakaoanteil 70%, gekühlt, in Stücken)**	in den Mixtopf geben und 10 Sekunden / Stufe 8 zerkleinern.
125 g	**Butter**	zugeben, 6 Minuten / 90° / Stufe 2 schmelzen und im Mixtopf ca. 10 Minuten abkühlen lassen. Anschließend
150 g	**Zucker**	
35 g	**Weizenmehl (Type 405 oder 550)**	einwiegen und kurz auf Stufe 5 vermischen. Nach und nach
3	**Eier**	durch die Deckelöffnung bei Stufe 5 zufügen. 4 Soufflé-Formen mit
etw	**Margarine**	leicht einfetten, mit
etw	**Mehl**	bestäuben und die Schokoladenmasse gleichmäßig darin verteilen. Bei 200° im vorgeheizten Backofen ca. 10–12 Minuten backen. Leicht abkühlen lassen und genießen.

Anmerkungen:

- Das Rezept reicht für 4 Personen.
- Die Schokoladenküchlein sind fertig, wenn sich oben eine Kruste gebildet hat, die leicht eingerissen ist und man innen den flüssigen Schokoladenkern erkennen kann.

Rezeptvariante:

- Statt mit Mehl können Sie die Soufflé-Formen auch mit gemahlenen Haselnüssen bestäuben.

Serviervorschlag:

- Die Fondants auf separaten Tellern anrichten und noch warm mit Sahne, Vanilleeis oder Vanillesauce servieren. Ein tolles Rezept für Vanillesauce finden Sie in unserem Band 3.

Mini-Berliner

etwas trocken

500 g	**Weizenmehl (Type 405)**	
½ Wü	**Hefe**	
50 g	**Zucker**	
1 Pr	**Salz**	
1	**Ei**	
125 g	**Milch (fettarm, 1,5%)**	
150 g	**Wasser (lauwarm)**	in den Mixtopf geben und 3 Minuten / Teigstufe verkneten. Den Teig umfüllen und abgedeckt ca. 20 Minuten ruhen lassen. Anschließend ca. 20 gleich große Kugeln daraus formen, auf ein mit Backpapier ausgelegtes Backblech legen und dort weitere 20 Minuten ruhen lassen, bis die Teigstücke etwa die doppelte Größe erreicht haben. In der Zwischenzeit den Backofen auf 220° vorheizen. Heißluft Die Berliner 12–15 Minuten backen, bis sie goldbraun sind. Anschließend gut abkühlen lassen. Für die Füllung
20 TL	**Marmelade (oder Konfitüre, nach Wahl)**	in eine Spritztülle geben. Die Berliner mit Wasser einpinseln, die Marmelade einfüllen und anschließend in
	Puderzucker	wälzen.

Anmerkungen:

- Die Teigstücke auf dem Backblech nicht zu nah aneinander legen, weil sie noch aufgehen.
- Sie möchten sich kalorienbewusst ernähren, aber trotzdem nicht verzichten? Dann sind diese Berliner genau das Richtige für Sie. Durch die Zubereitung im Backofen statt in der Friteuse können Sie dieses Gebäck ohne schlechtes Gewissen genießen.

Donauwellen

Boden

		Den Backofen auf 180° vorheizen.
250 g	**Margarine (Zimmertemperatur)**	
190 g	**Zucker**	
1 Pck	**Vanillezucker**	
5	**Eier**	
375 g	**Weizenmehl (Type 405)**	
3 TL	**Backpulver**	in den Mixtopf geben und 30 Sekunden / Stufe 7 vermischen. 2/3 des Teiges auf ein gefettetes oder mit Backpapier ausgelegtes Backblech streichen.
20 g	**Kakaopulver (Instant)**	
1 EL	**Milch**	zum restlichen Teig geben, nochmals 10 Sekunden / Stufe 7 verrühren, vorsichtig über den hellen Teig geben und glatt streichen.
2 Gl	**Kirschen (abgetropft)**	auf dem Teig verteilen und bei 180° im vorgeheizten Backofen ca. 40 Minuten backen. Anschließend abkühlen lassen.

Buttercrème

		Den Mixtopf säubern.
1½ Pck	**Puddingpulver (Vanille)**	
700 g	**Milch**	
90 g	**Zucker**	in den Mixtopf geben und 10 Minuten / 100° / Stufe 3 aufkochen.

		Anschließend umfüllen und auf Zimmertemperatur abkühlen lassen. Den Mixtopf säubern. ***Den Rühraufsatz einsetzen!***
375 g	**Butter (Zimmertemperatur, in Stücken)**	in den Mixtopf geben und auf Stufe 3 cremig rühren. Den erkalteten Pudding löffelweise durch die Deckelöffnung zugeben und weiterrühren. Die Buttercrème auf den Boden streichen und das Blech für einige Stunden in den Kühlschrank stellen, bis die Crème fest ist.

<u>Glasur</u>

150 g	**Zartbitter-Kuvertüre**	
150 g	**Vollmilch-Kuvertüre**	
2 Wü	**Palmin**	in den Mixtopf geben und 6 Minuten / 60° / Stufe 3 schmelzen. Den Guss etwas abkühlen lassen, über den erkalteten Kuchen geben und wellenförmig verzieren. Den fertigen Kuchen bis zum Servieren wieder kalt stellen.

<u>Anmerkungen:</u>

- Der Boden wird super hoch und locker.
- Die Schokoladenglasur lässt sich gut schneiden.
- Die Donauwellen können Sie auch prima einfrieren.

Rezeptvarianten:

- Wer lieber weniger Buttercrème mag, nimmt nur 1 Pck Puddingpulver (Vanille), 450 g Milch und 60 g Zucker (6 Minuten / 90° / Stufe 3). Für die weitere Verarbeitung dann allerdings auch nur 250 g Butter verwenden und wie o.a. weiter verfahren.
- Variante für die Schokoladenglasur: 300 g Schokolade (Zartbitter, gut gekühlt, in Stücken) in 10 Sekunden / Stufe 8 zerkleinern, 10 EL Sahne zugeben und ca. 4 Minuten / 50° / Stufe 2 schmelzen.

Amaretto-Rührkuchen

		Den Backofen auf 175° vorheizen.
200 g	**Mandeln**	in den Mixtopf geben und 10 Sekunden / Stufe 10 fein mahlen.
300 g	**Weizenmehl (Type 405 oder 550)**	
1 Pck	**Backpulver**	
250 g	**Zucker**	
50 g	**Milch**	
4	**Eier**	
100 g	**Amaretto**	
200 g	**Sonnenblumenöl**	
1 Fl	**Bittermandel-Backaroma**	zugeben und 1½ Minuten / Stufe 4 verrühren. Den Teig in eine gefettete Gugelhupfform umfüllen und auf der untersten Schiene ca. 1 Stunde abbacken.

Anmerkung:

- Der Kuchen ist sehr saftig und auch am nächsten Tag noch frisch.

Rezeptvarianten:

- Wenn Sie auf Alkohol verzichten möchten, dann tauschen Sie den Amaretto durch 30 g Amaretto-Sirup und 70 g Milch aus – Sie sollten dann aber auf jeden Fall die Zuckermenge reduzieren. Oder Probieren Sie mal Kirschsaft anstelle von Amaretto.
- Geben Sie Sauerkirschen (gut abgetropft) mit in den Teig.

Serviervorschlag:

- Nach dem Abkühlen mit Puderzucker bestäuben oder mit einer Schokoladenglasur überziehen.

Schoko-Joghurt-Traum

Vorbereitung

		Den Backofen auf 180° vorheizen. ***Den Rühraufsatz einsetzen!***
4	**Eiweiß**	in den sauberen, fettfreien Mixtopf geben, 3 Minuten / 50° / Stufe 3 steif schlagen, umfüllen und kalt stellen. ***Den Rühraufsatz entfernen***, den Mixtopf ausspülen und trocknen.
180 g	**Mandeln**	
100 g	**Schokolade (Zartbitter, in groben Stücken)**	in den Mixtopf geben, 12 Sekunden / Stufe 5–6 grob zerkleinern und umfüllen. Den Mixtopf säubern.

Boden

		Den Rühraufsatz einsetzen!
4	**Eigelb**	
1	**Ei**	
25 g	**Vanillezucker (selbstgemacht)**	
250 g	**Zucker**	in den Mixtopf geben und 3 Minuten / Stufe 3–4 verrühren. ***Den Rühraufsatz entfernen!***
300 g	**Weizenmehl (Type 405)**	
1 Pck	**Backpulver**	sowie die gemahlenen Mandeln und die zerkleinerte Schokolade zugeben und kurz auf Stufe 4–5 unterrühren.

Den Eischnee zufügen und auf Rückwärtsgang / Stufe 2–3 locker unterheben.
Den Teig in eine gefettete 28er Springform streichen und bei 180° im vorgeheizten Ofen ca. 45 Minuten backen.
Anschließend gut auskühlen lassen.
Den Mixtopf säubern.

Füllung

400 g	**Sahne (gut gekühlt)**	in den Mixtopf geben, ca. 40 Sekunden / Stufe 10 steif schlagen, umfüllen und kühl stellen.
9 Bl	**Gelatine**	in
etw	**Wasser (kalt)**	einweichen.
600 g	**Joghurt (Vanille)**	
2 EL	**Zucker**	in den Mixtopf geben und 5 Sekunden / Stufe 4 verrühren. Die eingeweichte Gelatine ausdrücken und mit
3 EL	**Wasser**	in einem kleinen Topf auflösen. 3 EL der Joghurtmasse zur Gelatine geben, gut verrühren und anschließend bei laufendem Messer auf Stufe 4 zur restlichen Joghurtmasse in den Mixtopf geben. Nun die geschlagene Sahne zugeben und 5 Sekunden / Stufe 2 unterheben.

Fertigstellung

Den Tortenboden teilen (waagerecht durchschneiden) und um eine Hälfte einen Tortenring geben. (Die

		andere Hälfte wird nicht für die Torte benötigt und kann für eine spätere Verwendung z.B. eingefroren werden.)
3	**Bananen (groß)**	schälen, längs halbieren und auf dem Tortenboden verteilen. Die Joghurtmasse einfüllen, glatt streichen und für ca. 1 Stunde in den Kühlschrank stellen. Den Mixtopf säubern. Die Joghurtmasse sollte nach der Kühlzeit schnittfest sein. ***Den Rühraufsatz einsetzen!***
300 g	**Schokolade (Vollmilch, in groben Stücken)**	
375 g	**Milch**	in den Mixtopf geben und 5 Minuten / 37° / Stufe 2 schmelzen. In der Zwischenzeit
5 Bl	**Gelatine**	in
etw	**Wasser (kalt)**	einweichen, anschließend ausdrücken, mit in den Mixtopf geben und 1 Minute / Stufe 3 auflösen. Danach die Temperatur ausschalten und ohne Messbecher weitere 5 Minuten / Stufe 2 kalt abkühlen lassen. Die Schokoladenmilch auf die Torte gießen und im Kühlschrank fest werden lassen. Vor dem Servieren nach Belieben verzieren.

Anmerkungen:

- Vanillezucker können Sie einfach selbst herstellen. Ein Rezept finden Sie in unserem Band 1.
- Sahne schlagen ohne Rühraufsatz? Ja, es funktioniert! Probieren Sie es aus!

Rezeptvarianten:

- Selbstgemachten Vanillezucker können Sie auch durch 2 Pck gekauften Vanillezucker ersetzen.
- Wer es nicht ganz so süß mag, kann statt Vollmilch- auch Zartbitterschokolade verwenden.
- Wenn Sie Naturjoghurt anstelle von Vanillejoghurt verwenden, dann ist der Kuchen eher erfrischend als süß.
- Erdbeerzeit? Dann sollten Sie die Bananen unbedingt mal durch Erdbeeren austauschen und einen Erdbeerjoghurt für die Füllung verwenden.
- Wenn Sie auf Gelatine verzichten möchten, können Sie als Geliermittel Agar-Agar verwenden. (Nach Packungsangabe zubereiten und wie Gelatine verwenden.)

Serviervorschlag:

- Verzieren Sie die fertige Torte mit Sahnetupfern, die mit kleinen Schokoladenherzchen belegt werden.

Mohn-Apfel-Traum-Torte

Boden

		Den Backofen auf 180° vorheizen.
70 g	**Mohnsamen**	in den Mixtopf geben, 20 Sekunden / Stufe 9 mahlen und umfüllen. Den Mixtopf säubern.
150 g	**Margarine (Zimmertemperatur)**	
100 g	**Zucker**	
15 g	**Vanillezucker (selbstgemacht)**	in den Mixtopf geben und 2 Minuten / Stufe 4 schaumig rühren.
1 Pr	**Salz**	
1	**Zitrone (davon die abgeriebene Schale)**	
3	**Eier**	zugeben und 1 Minuten / Stufe 4 unterrühren.
150 g	**Weizenmehl (Type 405 oder 550)**	
2 gestr TL	**Backpulver**	sowie den gemahlenen Mohn zufügen und 6 Sekunden / Rückwärtsgang / Stufe 5 ebenfalls unterrühren. Den Teig in eine mit Backpapier ausgelegte Springform umfüllen und bei 180° im vorgeheizten Backofen ca. 25 Minuten backen. (Stäbchenprobe machen!) Den Boden stürzen und abkühlen lassen. Den Mixtopf säubern.

Füllung

375 g	**Apfelsaft**	
1	**Zitrone (davon der Saft)**	
30 g	**Zucker**	
40 g	**Speisestärke**	in den Mixtopf geben und 6 Minuten / 100° / Stufe 4 aufkochen.
400 g	**Äpfel (z.B. Boskoop, geschält, entkernt, in Würfeln)**	zugeben und 2 Minuten / 100° / Rückwärtsgang / Stufe 2 unterheben. Den Tortenring wieder um den Boden setzen und die Füllung auf dem Boden verteilen. Gut abkühlen lassen. Den Mixtopf säubern.

Belag

400 g	**Sahne (gut gekühlt)**	
20 g	**Vanillezucker (selbstgemacht)**	
1 Pck	**Sahnesteif**	in den Mixtopf geben und ca. 40 Sekunden / Stufe 10 steif schlagen. 2/3 der Vanillesahne auf die Füllung streichen. Den Tortenring entfernen. Mit der restlichen Sahne kleine Tupfen auf die Torte setzen.

Anmerkungen:

- Wie Sie selbst Backpulver ohne „fieses Zungenkribbeln“ herstellen können, haben wir im Bereich „Service“ unseres Shops unter www.wunderkessel-kochbuch.de für Sie in einer entsprechenden Anleitung eingestellt.

- Sahne schlagen ohne Rühraufsatz? Ja, es funktioniert! Probieren Sie es aus!
- Vanillezucker können Sie einfach selbst herstellen. Ein Rezept finden Sie in unserem Band 1.

Rezeptvarianten:

- Selbstgemachten Vanillezucker können Sie auch durch 1 ½ Pck gekauften Vanillezucker ersetzen.
- Variante für eine Füllung mit Sauerkirschen: 1 Glas Sauerkirschen gut abtropfen lassen und den Saft auffangen. 375 g Kirschsaft, 40 g Speisestärke und 30 g Zucker wie o.a. aufkochen (ohne Zitronensaft!). Die Kirschen anschließend mit Rückwärtsgang unterrühren und wie oben beschrieben weiter verfahren.

Serviervorschlag:

- Die Torte nach Lust und Laune mit Mohnpralinen (z.B. Chocolat Pavot) garnieren.

Pesto

1	**Knoblauchzehe**	
50 g	**Parmesan**	
30 g	**Pecorino**	
30 g	**Pinienkerne**	in den Mixtopf geben und 30 Sekunden / Stufe 10 zerkleinern.
150 g	**Olivenöl**	
150 g	**Basilikum (ohne Stängel)**	
etw	**Salz**	zufügen und 30 Sekunden im Intervall auf Stufe 0 – 4 zu einem cremigen Pesto verarbeiten. In ein Schraubglas füllen, mit
etw	**Olivenöl**	begießen und verschließen.

Anmerkungen:

- Im Kühlschrank aufbewahrt ist das Pesto ca. 1 Monat haltbar.
- Ideal zum Grillen, auf dem Buffet, aufs Brot, über Pasta oder wie auch immer Sie es genießen möchten.
- Probieren Sie das Pesto mal in unserem Rezept „Spirellis mit Pesto-Mozzarella-Haube", das sie ebenfalls in diesem Band finden.

Rezeptvarianten:

- Anstelle von Pecorino können Sie auch insgesamt 80 g Parmesan verwenden.
- Die Käse- und Pinienkernmenge kann nach Geschmack auch erhöht werden.
- Bärlauchzeit? Dann sollten Sie unbedingt ein leckeres Bärlauchpesto herstellen. Tauschen Sie Basilikum einfach durch Bärlauch in gleicher Menge aus.

Bodypeeling

1	**Ingwerwurzel (mittelgroß, geschält)**	in den Mixtopf geben und auf Stufe 10 mit Hilfe des Spatels bis zum Mus zerkleinern.
200–400 g	**Olivenöl (gutes)**	zugeben und 1 Minute / Stufe 10 vermischen. Bei laufendem Messer auf Stufe 2–3 soviel
	Meersalz (normal)	zugeben, bis eine gerade noch streichfähige Masse entstanden ist. Die Peelingcrème in Schraubgläser füllen.

Anmerkungen:

- Durch das Salz ist die Peelingcrème mehrere Monate haltbar.
- Wozu teure Peelings kaufen, wenn Selbermachen doch so einfach ist und Sie zudem genau wissen, was drin ist? Diese geniale Peelingcrème sorgt für babyzarte Haut und riecht zudem noch sehr angenehm. Einfach am ganzen Körper (Gesicht auslassen) einmassieren (am besten mit einem Peelinghandschuh), kurz einwirken lassen und dann unter fließendem Wasser abspülen.
- Nicht für den Gesichtsbereich geeignet!
- Nicht auf Wunden oder Insektenstichen anwenden!
- Nicht für fettige Haut geeignet!
- Verschenken Sie anstelle von Blumen doch mal ein selbstgemachtes Bodypeeling.

Rezeptvarianten:

- Die Ölmenge können Sie nach Bedarf variieren. Sie hängt davon ab, wie viel Peeling Sie auf Vorrat herstellen möchten.
- Versuchen Sie anstelle von Olivenöl mal Jojoba- oder auch Mandelöl. Herrlich!
- Wenn Sie gar keinen Ingwer mögen, dann nehmen Sie stattdessen einfach eine geviertelte Bio-Zitrone.

Tritto

1	**Knoblauchzehe**	
1	**Zwiebel (mittelgroß)**	
1	**Möhre (in groben Stücken)**	
½ St	**Bleich- oder Staudensellerie**	
1	**Lorbeerblatt**	
1 kl Zweig	**Rosmarin (frisch)**	
6	**Salbeiblätter (frisch)**	in den Mixtopf geben und auf Stufe 4–5 gut zerkleinern. Die Gemüse-/Kräutermischung in ein Schraubglas füllen, zusammenpressen und mit
	Olivenöl (gutes!)	begießen, so dass alles gut bedeckt ist. 12 Stunden an einem kühlen Ort durchziehen lassen.

Anmerkungen:

- Im Kühlschrank ca. 2 Wochen haltbar. Beim Entnehmen von Öl unbedingt darauf achten, dass keine Luft an das Gemüse kommt! Zur Verwendung die gewünschte Menge abfüllen und das Glas sofort wieder verschließen.
- Dieses „besondere“ Öl sollten Sie unbedingt probieren.
- Das Öl absorbiert den Geschmack des Gemüses und der Kräuter und ist ideal zum Anbraten, Schmoren oder Bestreichen von Fleisch oder Fisch, als Zutat für eine Salatsauce und, und, und.

- Natürlich können Sie nach Verbrauch des Öls das Gemüse auch verwenden.
- Die Zutatenmenge kann beliebig erhöht werden. Das Mischungsverhältnis sollte dabei erhalten bleiben.

Rezeptvarianten:

- Mögen Sie es scharf? Geben Sie einfach eine durchgeschnittene Peperoni mit ins Glas. Vergessen Sie nicht, diese vor Verwendung des Gemüses wieder zu entfernen.
- Wenn Sie den Lorbeer nicht mitessen möchten, dann geben Sie das Blatt einfach erst nach dem Zerkleinern des Gemüses dazu und entfernen es vor der Verwendung.

Schokoladenglasur

150 g	**Schokolade (Zartbitter, gekühlt)**	in den Mixtopf geben und 15 Sekunden / Stufe 7 zerkleinern.
90 g	**Sahne**	
20 g	**H-Milch**	zugeben und 4 Minuten / 50° / Stufe 2–3 erwärmen.

Anmerkung:

- Die noch warme Glasur sofort verwenden. Nach dem Abkühlen ist sie schön „knackig“.

Serviervorschläge:

- Diese leckere Schokoladenglasur eignet sich nicht nur zum Verzieren Ihrer Kuchen und Torten. Sie schmeckt wunderbar zu Eis oder auch auf Joghurt- und Quarkspeisen.
- Gießen Sie die noch warme Glasur über kalten Pudding. Lecker!

Tortenguss – ohne Tüte

250 g	**Fruchtsaft**	abwiegen und beiseite stellen.
1–2 EL	**Kartoffelstärke**	
2 EL	**Zucker**	und einige EL von dem abgemessenen Fruchtsaft in den Mixtopf geben, auf Stufe 3 klümpchenfrei glatt rühren und umfüllen. Den restlichen Fruchtsaft in den Mixtopf geben und ca. 3 Minuten / 100° / Stufe 1 zum Kochen bringen. Die Stärkemischung langsam zugießen und das Ganze nochmal ca. 2 Minuten / 100° / Stufe 2 erhitzen. Der Guss sollte gut 1 Minute köcheln.

Anmerkung:

- Den Guss wie gewohnt auf dem Kuchen verwenden.

Rezeptvariante:

- Statt Fruchtsaft Wasser mit Sirup verwenden. Mit verschiedenen Sirupen können Sie den Guss nach Belieben aromatisieren und auch einfärben.

Zwiebeln, glasierte

ca. 3 Stängel	**Petersilie**	...	in den Mixtopf geben und 5 Sekunden / Stufe 8 zerkleinern.
600 g	**Zwiebeln (klein)**		
6 EL	**Rosinen**		
240 g	**Weinessig**		
400 g	**Wasser**		
4 EL	**Olivenöl**		
4 EL	**Zucker**		
4 EL	**Tomatenmark**		
1	**Lorbeerblatt**		
etw	**Salz**		
etw	**Pfeffer**	...	zugeben und ca. 50 Minuten / 100° / Stufe 1–2 (ohne Messbecher) einkochen, bis die Flüssigkeit verdunstet ist. Das Lorbeerblatt entfernen und eventuell abschmecken.

Anmerkungen:

- Diese leckeren Zwiebeln dürfen auf keiner Grillparty und keinem Buffet fehlen.
- Sie schmecken süßsauer und sind sehr aromatisch.
- Als Beilage zu Fleisch hervorragend geeignet.

Rezeptvariante:

- Sie mögen keine Rosinen? Kein Problem. Für die Entwicklung des Geschmacks sind die Rosinen wichtig. Um diese problemlos nach dem Einkochen entfernen zu können, geben Sie die Rosinen zum Kochen einfach in einen gut verschlossenen Teebeutel.

Knoblauch-Grundstock

400 g	**Knoblauch**	
100 g	**Schnittlauch**	
100 g	**Petersilie**	
200 g	**Salz**	in den Mixtopf geben und 1 Minute / Stufe 6 zu einer Paste verarbeiten. Den Grundstock in Schraubgläser füllen und im Kühlschrank aufbewahren.

Anmerkungen:

- Verwenden Sie Knoblauch-Grundstock als Ersatz für Knoblauchzehen. 1 TL Knoblauch-Grundstock entspricht etwa 1 Zehe.
- Probleme beim Knoblauch schälen? Hier haben wir einen Geheimtipp für Sie: Legen Sie den Knoblauch kurz in heißes Wasser, danach ist das Schälen ein Kinderspiel.

Lavendelblütensirup

1250 g	**Wasser**	
1000 g	**Zucker**	in den Mixtopf geben, 15 Minuten / 100° / Stufe 1 aufkochen, in eine Schüssel umfüllen und abkühlen lassen.
40 g	**Lavendelblüten**	
15 g	**Zitronensäure**	unterrühren und das Ganze 4 Tage durchziehen lassen. Zum Filtern die Flüssigkeit durch den Siebeinsatz in den Mixtopf sieben, nochmal ca. 10 Minuten / 80° / Stufe 1 erhitzen und abfüllen.

Anmerkungen:

- Der Sirup hat eine tolle violette Farbe.
- Ideal zum Auffüllen mit Sekt, zum Parfümieren von Joghurt, Kuchen und, und, und. Auch hier sind Ihren Ideen kaum Grenzen gesetzt.
- Wieder einmal ein schönes Mitbringsel für einen besonderen Anlass.

Abkürzungsverzeichnis

Bd	Bund
Be	Becher
Do	Dose(n)
EL	Esslöffel
Fl	Flasche(n)
etw	etwas
g	Gramm
geh	gehäuft(e)
gestr	gestrichen
Gl	Glas
gr	groß(e)
Hd	Handvoll
jew	jeweils
kl	klein(e)
l	Liter
MB	Messbecher (voll – 100 ml, halbvoll – 50 ml)
Msp	Messerspitze(n)
ml	Milliliter
Pck	Päckchen
Pr	Prise(n)
Sch	Schuss
Schei	Scheibe(n)
Schl	Schluck
Sp	Spritzer
St	Stange(n)
Stck	Stück(e)
Ta	Tasse(n)
TK	Tiefkühl
TL	Teelöffel
Tr	Tropfen
Tü	Tüte(n)
Tu	Tube(n)
VEG	Bei diesem Rezept handelt es sich um ein vegetarisches Rezept, bzw. beinhaltet es eine vegetarische Variante!
Wü	Würfel

Stichwortverzeichnis

W

X

Y

Impressum

Rezeptauswahl, Texte und Gestaltung:
Barbara Böing und Melanie Winkler-Vorbeck
E-Mail: info@wunderkessel.de

Druck:
RHIEM Druck GmbH, Voerde

1. Auflage April 2009

Veröffentlichungsrechte und Copyright:

An Gut Forensberg 42, 52134 Herzogenrath
Tel.: 01805 - 31 21 00
(0,14 €/Min. aus dem Netz der T-Com,
ggf. abweichender Mobilfunktarif))
Internet: http://www.wunderkessel.de/
E-Mail: info@wunderkessel.de

Alle Angaben in diesem Buch wurden von den Autoren sorgfältig erarbeitet und zusammengestellt. Da wir auch nur Menschen sind, können wir Fehler nicht ganz ausschließen. Wir weisen daher ausdrücklich darauf hin, dass weder eine Garantie noch die juristische Verantwortung oder irgendeine Haftung für Folgen, die auf fehlerhafte Angaben zurückgehen, übernommen werden kann.
Die im Buch verwendeten Markennamen der jeweiligen Firmen unterliegen im Allgemeinen warenzeichen-, marken- oder patentrechtlichem Schutz.